金一南 著

胜者思维

THE WAY TO WIN

北京联合出版公司
Beijing United Publishing Co.,Ltd.

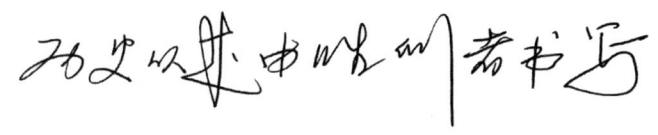

历史从来由胜利者书写

幸福是财富,苦难更是

被人轻看是额外的优势

序 言

　　人们常说"不以成败论英雄",不能成者为王、败者为寇。有例为证:项羽当年兵败垓下、自刎乌江,仍然不失为横亘古今的大英雄。有"千古第一才女"之称的南宋词人李清照一首"生当作人杰,死亦为鬼雄。至今思项羽,不肯过江东",至今读来,也是何等地酣畅淋漓、豪迈雄壮。

　　所言极是。但另一个事实也十分明显:人们踏上社会,没有一个是为了饮下失败这杯苦酒。项羽当年起兵,也绝不是为了自刎乌江。允许失败,同情失败,痛惜失败,甚至某些情况下以悲剧般的情怀惋歌失败,并不意味着真的追求失败。

　　甲午战败,水师提督丁汝昌自杀,"定远"管带刘步蟾自杀,"镇远"管带林泰曾自杀,继任管带杨用霖自杀……能够阻止割让辽东半岛和台湾、赔款两亿两白银的《马关条约》签订?庚子事变,李秉衡受命抗击八国联军,京城从皇帝到百姓都对其寄予厚望,但刚到通县张家湾他就自杀,留下遗书——"天下事从此不问罪臣",就可躲开《辛丑条约》赔款四亿五千万两白银的结局?

以死亡规避失败的人，即使一死了之，也无法了断败局。

什么都可以替代，胜利无法替代。

不论哪个时代，不管从军、从政、从商，谁人不想以胜者的美名留存千古？

但自古以来，胜利的美酒何其珍贵，而失败的苦酒却往往上一杯接下一杯。

于是人们在办公室里总结出各种经验体会，在书店里摆上各类心灵的鸡汤，在墙上挂出眼花缭乱的名言、守则，设想通过把控规律、掌握诀窍而"不战屈兵"，"一招制敌"，轻松获胜，以致忘掉了拼搏精神的两大来源：胜利和苦难。

没有苦难，就没有坚忍，没有积聚；

没有胜利，就没有激情，没有尊严。

我们今天的生活日益精致。房间内有空调恒温；外出有自备车代步；唱歌有高级音响保真；餐饮有长寿保健指南；出差不是高铁就是飞机；购买食品反复端详保质期；应对雾霾采购各种各样的设备；寻找学区房，构筑起跑线……日益富裕和优雅的我们，躁动也平静，直白也谦恭，较真也妥协，激情也温和，还有过往那种不屈不挠的精神之刃吗？在千呼万唤无人响应的失败谷底，我们是等待救援还是寻路攀登？在星光璀璨、万众瞩目的辉煌巅峰，我们是纸醉金迷还是转身前行？我们心底里能否澎湃那种敢于斗争、敢于胜利、自力更生、奋发图强的精神底蕴？

生活多么美好，奋斗多么艰辛。

其实我们谁也不知道自己的奋斗结局。

人生最大的魅力，就在于不知道结局。

正因如此，人们往往迸发出更大的创造性，悄悄改变结局。

成吉思汗说："越不可越之山，则登其巅；渡不可渡之河，则达彼岸。"

毛泽东说："红军不怕远征难，万水千山只等闲。"

任正非说："除了胜利，我们已经无路可走。"

这就是胜者思维。即便在最黑暗、最失败、最无望的时刻，他们内心也有一杆胜利旗帜在呼啦啦飘扬。

黑格尔说："人是靠思想站立的。"

以这样的旗帜、这样的思维，古往今来的杰出胜者在历史上留下深深印痕。

让这样的旗帜、这样的思维，也在仍然艰苦奋斗着的未来胜者心中冉冉升起、不断产生。

目 录

第一章 关于将军的产生

在国防大学的演讲 　　　　　　　　　　　　3
将军的战略素养 　　　　　　　　　　　　6
战争会撕去一切假面 　　　　　　　　　　9
灵魂里都是军人的人 　　　　　　　　　　19
平庸将领何以不胜 　　　　　　　　　　　22
走出虚幻战争，打赢未来战争 　　　　　　28
战略、装备——指挥与技术的完全合一 　　31
美军高级军官的八个传统 　　　　　　　　36
军人战争素质的训练与养成 　　　　　　　43
军事是一门基于经验的科学 　　　　　　　51
黑暗时刻，敢于跟随一线微光前进 　　　　57
将军之道与国家的意义 　　　　　　　　　67

第二章　危机中的领导者

危机过程中的转折和质变临界点　73
茉莉花革命所引发的蝴蝶效应　79
危机产生严重的挑战，也带来重大的机遇　83
领导者就是运用权力承担责任和决策　86
二八定律：局部对整体的颠覆　90
危机时刻最需要的是权威　95
危机决策是领导决策的关键所在　99
危机决策最检验领导者的能力与素质　101
不同时期危机蔓延的速度　105
积极是控制危机的前提　109
危机处理过程中的妥协与退让　116
营造和保持危机升级能力　118
明确权限，做出必要的限制　120
决策者越是敢于担当，将士越是勇于担当　122
严重的危机感往往使危机本身得以避免　126

第三章　领导者的战略思维

权力是衡量领导干部的标尺	139
积累必须在到达高位之前完成	143
思维的力量对世界的震撼	146
伊拉克战争对美国经济的影响	152
不同的战略文化，产生不同的战略思维	157
善于维护利益，才能得到对方的尊重	164
国家利益是战略思维的出发点	167
美国控制世界的手段	173
战略思维的整体性和对抗性	179
香港驻军事件中邓小平所展现的对抗性	184
战略思维的彻底性	187
思维的前瞻性和进取性	195
主动进取才能获得利益	198
不善于挑战永远无法迎接机遇	202
影响和决定战略思维质量的相关要素	206
胆略与战略思维	210
塑造与战略思维	212
威慑与战略思维	216

第一章

关于将军的产生

所有的选择都是力图向战争的标准靠近，但是永远无法企及战争对将军的选择。和平年代没有战争，只能尽量模仿战时环境，即便如此，也无法代替战争的选择。未来的较量一定会到来，我们必须做好准备，最终就是要获胜。中国军人必须秉承这一宗旨：以胜利为中华民族服务。

在国防大学的演讲

"关于将军的产生"这个题目很大,泛泛而谈其实并不很难。但是在今天这个场合无法这样去讲。因为在座的不少就是将军,或者即将成为将军。若台上讲了半天只是空对空,空耗大家时间,不如不讲。不过在这个地点讲这个题目是合适的,国防大学本来就是将军的摇篮,如果不是在国防大学讲,而是在地方大学或者是别的什么机构讲,当然也可以讲"关于将军的产生",讲得更多的恐怕就是大家耳熟能详的"不想当将军的士兵不是好士兵"这类心灵鸡汤了。今天是在国防大学——将军的摇篮——讲"关于将军的产生",讲对指挥与决胜的思考,讲战争的选择与和平的侵蚀,讲将军的产生与淘汰,不是给大家提供心灵的鸡汤,可以说是在一个敏感时期讲这个话题。为什么说是敏感时期?

截至今天讲课,一共公布了五十多名将军涉嫌严重违纪或违法犯罪。这里面的很多人,大家看到名字,好多是熟人,认识,有过交往,甚至过去是朋友、战友。在这样的大背景下讲"关于将军的产生",的确是在敏感时期讲敏感题目。

为什么要讲这个题目？最大的动因就是我们现在出现了这么多问题。今天思考将军的产生，和过去的意义完全不一样。任何一个国家，任何一支军队，在这么短的时间处理这么多将军，是罕见的，甚至可以说没有过。我们现在正在经历国防建设与军队发展的黄金时期，却又是我们高级干部的艰难时期，那么多人出问题，现在公布的涉及五十多人，在座的都知道，还有很多没有公布，还有很多正在进行调查，实际数量比公布的还要多。我不说别的，就说刚刚给大家列出名单的靠后的一名——2016年"两会"前被取消解放军代表团人大代表资格的海军南海舰队装备部原部长汪玉，他与我一同被评为"全军优秀党员"，并被总部挑选出来，2006年在全军各大单位巡回进行先进事迹讲座。十年前，他讲大学毕业后如何选择从军，如何在海军搞科研，怎样取得一个个成果，都历历在目。十年后的今天，2016年"两会"前他被公布"严重违纪，涉嫌犯罪"，同样成为今天为什么要讲这个题目的思考。今天之所以选择这个题目，不是为了歌颂谁、赞扬谁，不是想给大家提供一剂心灵鸡汤，而是在这个特定的敏感也是困难的时刻，探讨一下真正的将军应该如何产生。习近平主席视察国防大学，特别讲到要深入贯彻古田全军政治工作会议精神，特别讲到要从思想上和政治上建校治校。这绝不仅仅是军事素质问题，绝不仅仅是联合指挥作战问题。2014年10月底召开的古田全军政工会议，给全军各级干部尤其是高级干部非常大的冲击。习近平主席在古田会议的讲话，中肯、严厉，语重心长地点出了军队中，特别是领导干部中，特别是将军中存在的问题，振聋发聩。

第一章
关于将军的产生

实事求是地说,军队多少年没有挨过这样的批评了。1975年军委扩大会议上,邓小平批评经过"文化大革命"的军队"肿、散、娇、奢、堕";习近平主席2014年10月30日在全军政工会上对军队的批评,是多年来对军队最严厉的批评。我们今天就在这样一个大背景下讲"关于将军的产生",对我们国防大学来说,这绝对不是一个轻松的题目,它是一个十分沉重、十分值得我们反复思考的题目。

将军的战略素养

苏联卫国战争时期，苏军作战部长什捷缅科大将有一句话："战争到来，首先要淘汰一批和平时期的将帅。"

什捷缅科大将是苏军优秀的作战部长，他讲要淘汰一批"拼花地板将军"，即和平时期从这个办公室踱步到那个办公室，踩着拼花地板就成了将军的那批人。今天我们反腐败，也开始淘汰一批将军，我们是万幸的：在战争到来之前，我们已经开始淘汰，而不是等到战争到来了才开始淘汰。如果军队的反腐在战争发生时才开始，那么一切为时已晚。今天我们万幸就在这儿，在战争到来之前，我们已经开始整顿，已经开始变革，已经开始淘汰。这是我们的万幸。

什么叫将军？春秋战国时第一次出现将军这个名号。最初以卿为统军，卿即将军，卿相当于宰相这样的大臣，是一个官职。所以我们的"将军"名称一开始，就被定为官位，战国时代则成为正式官名——前、后、左、右将军，是正式官名。到了汉代，大将军、骠骑将军，"位次丞相"；车骑将军、卫将军，前、后、左、右将军，"位次上卿"。这个规定是按照官员的等级规定的，将军首先是一个

第一章
关于将军的产生

官,是一个什么样的官呢?不同的将军名号有不同的位次。

《左传》里讲"岂将军食之而有不足",将军还愁吃的吗?将军还缺待遇吗?"岂将军食之而有不足",将军绝对没有食不果腹的时候。我们自古以来就是这么定位的:将军是一个待遇丰厚、衣食无忧的官位。在这一点上,我们和西方有差异,西方的将军不是这么定位的。

西方最早出现"将军"这个词,是古希腊的伯罗奔尼撒。最初是Strategos,意即将军;接着演化到Strategicon,意思是为将之道,称为"将道";再往后演化到Strategy,即"战略"。西方对将军强调的不是官位,是什么呢?是"将道",是"战略"。当我们讲"岂将军食之而有不足"的时候,西方强调"岂将军筹之而有不足",将军是一个筹划的位置,是一个管全盘、管总体、管大局、开展战略谋划的位置。

我们讲将军是讲官衔和待遇,如"位次丞相""位次上卿""岂将军食之而有不足"。西方讲将军是讲将道,是讲将军的筹划、将军的统领、将军的全局。这就是西方将军。西方军事史上仅次于亚历山大、汉尼拔、拿破仑的弗里德里希二世讲过这样的话:"军队行军之时,他跟着行军;军队扎营之时,他跟着扎营;军队战斗之时,他跟着战斗。对绝大多数军官而言,这就是他们的军旅生涯,跟着打仗,跟着从事日常例行公务,直到须发花白为止";"很多的军人日夜忙碌于各种琐事,对于布阵之道,也就日渐生疏,这些人不放胆高翔云端,而只知道如何在泥沼里照老样子爬行,他们永远不会感到困惑,也永不会知道他们制胜或败绩的由来"。

这些话很尖锐，一语中的。相当一批军人是跟着干的、跟着混的，自觉的并不很多。这种现象从古到今、从西方到东方都存在。这就是为什么美国国会众议院军事委员会要规定未来美国到底要什么样的军人。其国会众议院军事委员会提出的标准是：

第一，必须具有分析能力，能够超越孤立的事实或者某一领域专长，看到并整理出事物之间的相互联系；

第二，必须是实用主义的，能够有意识地重新构建自己的战略模式，使之符合形势和实际的需要；

第三，必须具有创造性，经常要挑战现状；

第四，必须接受过多种教育，是通才，而不是专才。

美国国会众议院军事委员会最后发问："职业军事教育还在培养战略思想家吗？我们的军队是否在战术和武器系统的研究方面花费时间太多，没有时间从战略的角度进行思考了？"

这就是在要求Strategy（战略）方面的素养，将军必须从这个角度完成统筹。做到这一点的确不易，和平时期做到这一点就更不易。

战争会撕去一切假面

据说黑格尔讲过一句话：和平是一个民族最大的腐蚀剂。这句话被广泛引用，网络上、军报上都出现过，但是至今没有查到其准确出处，无法证明黑格尔是不是讲过这句话。大约黑格尔有这个意思，可能这不一定是准确的原话，但是毫无疑问，对军队来说，和平的确是最大的腐蚀剂。战争是检验军队的唯一标准。和平年代没有这个标准了，其他标准就上来取而代之，于是开始钻营关系，开始利益输送，开始曲意逢迎，还打着"沟通能力强""协调能力强""领会意图快"等旗号，在和平时期开始了对军队的强力腐蚀，最终必然导致军队战斗力瓦解。

军人离开了求胜，就变成求官、求衔、求地位、求待遇，那么要军队有什么用？

美国人贝文·亚历山大写了本《统帅决胜之道》，其中有句话说得非常好："对高明将帅如何决胜的理解，是从认识到平庸的将帅何以不胜开始的。"这句话说得精彩。真正研究胜道者，关键是要从琢磨别人怎么失败的而不是研究人家怎样胜利的入手。真正明白别人是怎么失败的，才能悟出你怎样避免失败，然后才能取胜。

给大家举一个例子。两名苏军著名战将，巴甫洛夫大将和朱可夫大将，20世纪30年代苏军两颗新星，是斯大林最欣赏的两名战将。他们俩同时出任坦克实验团团长、军长、军区司令。巴甫洛夫是苏军头号坦克战专家，斯大林对其重视程度超过朱可夫，一直把他放在最重要的西方方面军担任军长、军区司令。朱可夫则扮演救火队队长的角色，哪儿有问题就被派去哪儿。把巴甫洛夫一直放在最重要的西方方面军，是为防备德国人可能的入侵。所以，在苏军组织的大型对抗演习中，朱可夫从来扮演蓝方司令，巴甫洛夫则从来扮演红方司令。

就是这个人物，当过装甲兵司令的苏军头号坦克战专家、长期研究实验新型兵种的领导者巴甫洛夫，最后脑袋进水了，竟然向斯大林、军事委员会呈交了一份取消坦克军建制的报告。此事发生在第二次世界大战即将爆发、德国军队以大规模装甲集群为主要突击力量的闪电战即将开始之时，苏军却按照巴甫洛夫大将这样一个坦克战专家的建议取消坦克军，使苏军在卫国战争初期损失惨重。为什么巴甫洛夫这样一个很懂坦克战的专业人士在这样一个关键时刻做出这样一个错误的决定？

1937年3月，苏军大清洗，提出"大纵深作战理论"[①]的图哈切夫

[①] 大纵深作战理论是由苏联军事家们在分析总结第一次世界大战和国内战争经验的基础上形成的。——编者注

第一章
关于将军的产生

斯基元帅以及基辅军区司令亚基尔、白俄罗斯军区司令乌博列维奇、西伯利亚军区司令埃德曼、伏龙芝军事学院院长科尔克等高级将领被清洗。斯大林希望其他的高级将领与图哈切夫斯基的"西方资产阶级军事思想"划清界限。巴甫洛夫本是图哈切夫斯基大纵深作战理论的忠实弟子,在这个非常敏感的时期,他急于与图哈切夫斯基划清界限。1936年至1937年巴甫洛夫参加西班牙内战①,任坦克旅长。从西班牙回来,他就赶上了"大清洗"。于是他向斯大林、向苏联军事最高当局递交了一份报告,结论是利用大规模坦克集团奔袭并不可能取得战争胜利,所以坦克军的存在价值不大。这是苏军在战争之前犯下的致命错误:德国人正在组织装甲集群,苏军则按照巴甫洛夫的建议取消了坦克军。结果巴甫洛夫指挥的西方方面军在德军装甲集群的大纵深机动奔袭中全军覆没。这是非常残酷的教训。

1941年6月22日,德军"巴巴罗萨计划②"开始,向苏联大举进攻。正是古德里安的第二装甲集群和霍特的第三装甲集群形成的两

---

① 西班牙内战:1936—1939年发生在西班牙第二共和国的一场内战,由共和国总统曼努埃尔·阿扎尼亚的共和政府军与人民阵线左翼联盟对抗以弗朗西斯科·佛朗哥为中心的西班牙国民军和长枪党等右翼集团;反法西斯的人民阵线和共和政府有世界进步力量组成的"国际纵队"的援助,而佛朗哥的国民军则有纳粹德国、意大利王国的援助。1939年3月,马德里沦陷,共和政府失败,西班牙开始了佛朗哥统治时期。——编者注

② 巴巴罗萨计划是纳粹德国在第二次世界大战中发起的侵苏行动的代号,原名为"奥托"计划,后于1940年12月改为"巴巴罗萨"。整场作战于1941年6月22日展开。计划为快速攻占包括列宁格勒和莫斯科在内的苏联欧洲部分,并用空军摧毁乌拉尔工业区,从而击败苏联。在作战的最初数个月里,德军沿用之前在西欧大获全胜的闪击战术,横扫了大半个东欧平原、歼灭数百万计战术不佳的苏联红军,但最后在莫斯科会战中受阻,巴巴罗萨计划破产。——编者注

只铁钳，五天之内完成对巴甫洛夫指挥的西方方面军的全面合围。德军这两个装甲集群向白俄罗斯深远后方向心突击，6月22日发动进攻，27日在纵深400千米明斯克完成对西方方面军的合围，近40万部队被围在里面。面对灾难，西方方面军司令巴甫洛夫大将竟然还不知道，他还在按照斯大林的要求要一线部队坚决反击，还在把部队往前面调，想抵住德军的进攻。但德军已经通过两翼的装甲迂回将他全部包围了，巴甫洛夫一直不知道大难临头。斯大林6月30日从德国电台中收听到西方方面军被包围的消息，立即要朱可夫通过无线电台与巴甫洛夫通话，询问德方报告是否属实。巴甫洛夫这时候才如梦初醒，了解自己的部队已全面陷入合围。斯大林派飞机到明斯克，把西方方面军的司令、参谋长全部接到莫斯科，西方方面军司令巴甫洛夫大将、参谋长克里莫夫斯基赫少将等人被送交军事法庭。7月8日，德国包围圈内的苏军部队消耗殆尽，30万人被俘，包括数名军长、师长，苏军损失坦克2500辆、火炮1500门，西方方面军全军覆没。这是二战初期苏军最惨痛的教训。

1941年7月28日，苏联国防人民委员会公布第0250号命令：

"鉴于西方方面军司令员巴甫洛夫和方面军参谋长自德军开始进攻后惊慌失措，指挥无方，致部队瓦解，导致大量仓库武器流入敌手；擅离方面军岗位，致敌有机可乘，突破方面军防线。方面军通讯处主任格里高利耶夫，理应在方面军司令和作战司令之间建立持续通畅的通信，但惊慌失措，无所作为，未采用无线电联系，致使作战最初几天各作战部队处于无指挥状态。第四集团军司令科普洛

第一章
关于将军的产生

科夫惊慌失措，无所作为，可耻地抛弃信任他的部队，致使该军瓦解，导致巨大损失。"

大家注意公报中用了三个"惊慌失措"：方面军司令、参谋长惊慌失措，通信处主任惊慌失措，集团军司令惊慌失措。

最后的处治是：

西方方面军司令巴甫洛夫大将立即枪毙；

西方方面军参谋长克里莫夫斯基赫少将立即枪毙；

西方方面军通信处主任格里高利耶夫少将立即枪毙；

第四集团军司令科普洛科夫少将立即枪毙。

同时或被枪毙、被判刑、被解除职务的高级将领有：

第六步兵军军长阿列克谢耶夫少将；

第五十六集团军参谋长阿鲁沙尼扬少将；

国防人民委员部委员伊万诺夫中将；

伏龙芝军事学院战术教研室主任库兹明少将；

第十八集团军参谋长列昂诺维奇少将；

总参谋部军事学院系主任梅列科夫少将；

第四坦克师师长波塔图尔切夫少将；

第二十七集团军参谋长罗曼诺夫少将；

第三十步兵军军长谢利瓦诺夫中将；

列宁格勒方面军副参谋长谢马什科少将；

红军军事交通局局长特鲁别茨科伊中将；

第十五步兵师师长克鲁尼科夫少将。

这就是战争伊始一批和平时期将军的悲惨下场。

斯大林在最高统帅部的文告里宣布：

我警告，无论是谁，如果违背军人誓言、忘却对祖国的责任、玷污红军战士的崇高称号、表现懦弱和惊慌失措、擅离战斗岗位以及未经战斗即向敌人投降，都将受到军法最严厉的无情惩罚。

此命令向团级及团级以上所有指挥员传达。

苏联国防委员会人民委员

约·维·斯大林

卫国战争开始，苏军面临巨大灾难。西方方面军全军覆灭，对苏军士气影响巨大。但苏军统帅部对高级军官的严厉惩处，又使失败之后低落的士气从高级指挥层开始重新振作。首先从高级指挥员开始强烈地认识到，必须照看好自己的部队，必须消灭当面的敌人，必须取得战斗胜利。

正是在惨痛损失和巨大灾难之中，朱可夫突显出来了。

随着严酷的卫国战争到来，表面看斯大林最信任的两名指挥官几乎同时都完了：1941年7月底，巴甫洛夫因西方方面军全军覆灭而被执行枪决；7月底，朱可夫被解除苏军总参谋长职务。但实质完全不同：巴甫洛夫被枪毙，是因为失职；朱可夫被解除职务，则是

第一章
关于将军的产生

因为尽职。

当时在德军进攻压迫下，苏军全面吃紧。为避免西南方面军再陷危局，朱可夫作为苏军总参谋长，向斯大林建议放弃乌克兰首府基辅。斯大林勃然大怒："你说什么？！把基辅交给敌人？简直是胡说八道！"朱可夫回了一句："如果您认为您的总参谋长只会胡说八道，那就请您解除我的职务。"斯大林当天就将朱可夫解职，派他去当预备队方面军司令员。但战争进程不幸被朱可夫言中。西方方面军全军覆灭后，德军大举向斯摩棱斯克进攻，使西南方面军的北部侧翼受到严重威胁；南方方面军作战失利节节败退，又使西南方面军的南部侧翼完全暴露。于是在苏德两军交战的前线形成了一个巨大的突出部，突出部内有苏军西南方面军80万部队，处于极易被德军合围的境地。朱可夫不是不知道斯大林难以同意，仍然坚决建议放弃基辅，让西南方面军部队立即后撤，脱离险境。

朱可夫因此被解除总参谋长职务。斯大林的反对，则让卫国战争初期作战最有成效的西南方面军反而因坚守不退，继西方方面军之后再陷入灭顶之灾。9月15日，南北对进的德军克莱斯特第一装甲集群与古德里安第二装甲集群在乌克兰西部的洛赫维察会师，庞大的苏军西南方面军五个集团军全部陷入德军合围。德军使用的方式与两个月前围歼巴甫洛夫的西方方面军几乎完全一样，但这次苏军损失更为惨重：损失兵力达60余万，方面军司令基尔波诺斯大将、军事委员布尔米斯坚科和方面军参谋长图皮科夫少将战死。即使到二战结束，德国陆军战史也称该战役为"世界战争史上最大规模的陆上合围战役"。

正是通过惨重的损失，斯大林真正看出了朱可夫的价值。在首都防御迫在眉睫的危急时刻，朱可夫被从列宁格勒前线紧急召回，肩负指挥莫斯科保卫战的任务。这无疑是朱可夫一生责任最重大、任务最艰巨、考验最严酷的时刻。当时德军已在苏军防线中央取得纵深突破，莫斯科到处是焚烧文件的黑纸灰，外交使团离开莫斯科，退往古比雪夫。惊慌的人群中间谣传德军坦克很快会冲进莫斯科市区，有人抢劫商店，还有人抢劫运送罐头食品的卡车，更有人偷偷烧毁党证，摘掉家中的斯大林像。在决定莫斯科存亡的关键时刻，斯大林亲自打电话给朱可夫，不加任何掩饰，提出了他平时不愿意对任何人提出的问题：能不能够守住莫斯科？他对朱可夫说："我怀着内心的痛苦问你这个问题，希望你作为一名共产党员诚实地回答。"

面对斯大林以共产党员对共产党员的坦诚，三个月前因主张放弃基辅而被解职的朱可夫沉默了一会儿，后来回忆道，"甚至能听到话筒那边斯大林急促的呼吸声"。最后他一字一句地回答最高统帅："能够守住莫斯科。"朱可夫一生指挥了无数场战役，包括辉煌的攻克柏林大会战，但没有一次战役像莫斯科保卫战这样关键，没有一句话如"能够守住莫斯科"这样撼天动地、字字千钧。

后来才有了著名的1941年11月7日红场阅兵，阅兵部队走出红场就开赴前线。几辆坦克刚刚开出红场就掉头，斯大林看见了问是怎么回事。旁边人告之，他们要直接进入莫斯科的城防。

第一章
关于将军的产生

苏军顶住了。

进而苏联顶住了。

巴甫洛夫、朱可夫这两个被斯大林欣赏的将领，结局差异巨大。巴甫洛夫没有认识到战争模式已经出现的重大变化，主观上将军事问题政治化，用政治上与斯大林保持一致作为最高标准，最终使自己的部队和自己都陷入灭顶之灾。朱可夫则以夺取战争胜利为最高标准，虽经沉浮，却最终成为卫国战争中最杰出的苏军将领、四次"苏联英雄"称号获得者。至今朱可夫的青铜雕像放在莫斯科红场俄罗斯国家历史博物馆之前，骑着高头大马，马蹄下踩着德国之鹰，作为苏军获得战争胜利的象征。

可以设想，如果不发生战争，又会如何？如果不发生战争，巴甫洛夫、朱可夫两人都能够在官场中平步青云，巴甫洛夫很可能还要走到朱可夫前面。但战争发生了，不以人的主观为转移。战争会撕去一切假面，对军人做出最严厉无情的淘汰和筛选。

还可以设想，如果历史能够重新开始，又将如何？如果历史重新开始，巴甫洛夫肯定会对其观点和做法做出大幅度调整，向同事和战友朱可夫靠拢，那么希特勒的军队就不可能如此顺利地长驱直入，悔过的巴甫洛夫同样可以享受英雄的辉煌。

但历史不容后悔，也无法重新开始。"一将功成万骨枯"，正是战争中军人命运的庄严与悲壮所在。在灾难危重、艰难困苦的战争时期，一个民族、一个国家、一支军队能够有朱可夫这样的战将挺身而出，是民族有幸，国家有幸，军队有幸。

没有完美的将军。朱可夫也不是不犯错误的天才。后来人们将其缺点罗列出来：骄傲、专横、跋扈、私藏战利品……主观上说，那是因为其毛病的确不少；客观上看，则是因为战争已经过去，和平已经到来。

军人之于国家的意义到底是什么？国家养军队到底是干什么用的？军人这种职业自诞生起，就不是为了承受失败的，军人生来是为了战胜。

但战争法则如钢铁一般冰冷。

战场的荣辱不是军人的选择，而是战争的选择。一支平素慕于虚荣而荒于训练、精于应付而疏于战备的军队，高级军官无危机感无紧迫感的军队，没有军人枕戈待旦的军队，兵力再多、装备再好，也无有不败。

灵魂里都是军人的人

有这样一句话应该记住:"上级可以欺骗,部属可以欺骗,百姓可以欺骗,只有敌人欺骗不了。"这就是说,和平时期上级、部属、百姓都好对付,但千万别发生战事,一旦发生战事,你欺骗不了敌人。否则就要吃大亏,要满盘皆输。如果将军在我们心目中仅仅是一个官衔——"位次上卿",仅仅是一种待遇——"衣食无忧",那军人的本质到底是什么?

甲午战败,水师提督丁汝昌自杀,"定远"管带刘步蟾自杀,"镇远"管带林泰曾、继任管带杨用霖自杀……留下一纸《马关条约》,规模空前的割地赔款,能算军人对国家和民族的交代吗?

庚子事变,李秉衡受命抗击八国联军,京城从皇帝到百姓都对其寄予厚望,但刚到通县张家湾他就自杀,留下遗书——"天下事从此不问罪臣",全军不战自溃。军人就这样完成责任吗?

牺牲是军人的最高付出,但不是军人的最大奉献,国家和民族养育军队,是让你夺取胜利的,不是让你在关键时刻一死了之的。关键还是习主席说的这句话:"能打仗,打胜仗。"这是对军人最根本的要求，是军人存在于国家的最大意义，除此无他。

能做到这一点，的确不易。

德军名将施里芬[①]，某次搭乘火车旅行，副官为了打破旅途沉寂，谈起车外山川的景色如何美丽，施里芬唯一的答复是"微不足道的障碍"。施里芬根本没什么心思看美丽的山川，他看到的就是障碍及如何克服障碍。施里芬这类人，从灵魂里就是军人。我们中不少人穿着军装，整天惦念吃喝玩乐，壳子是军人而已，灵魂一天都不曾在军营待过。

我军名将粟裕也是灵魂里都是军人的人。胜利了，进城了，别人在繁华大街上逛商店看商品，他却琢磨这个街区怎么攻占、那个要点如何防守。1958年反教条主义，粟裕受到不公正的对待，被调到军事科学院当副院长，不指挥部队了，每晚就寝，他仍然将衣服、鞋袜仔细放好，一旦有事，可随手摸到。生命垂危靠别人帮助穿衣服了，他还要按照条令要求，把衬衣、毛衣整整齐齐扎进裤腰。他的思想一天都没有松懈，还是随时准备，枕戈待旦。

绝对不能轻视胜利之前的准备。巴斯德说，机遇偏爱有准备的头脑。看看施里芬的准备，看看粟裕的准备，这是真正意义上的军

[①] 施里芬（1833—1913），德意志帝国陆军元帅，军事家、军事理论家。1861年毕业于军事学院，曾参加普奥战争和普法战争，1863年起在总参谋部任职，1891—1905年任总参谋长，1911年晋升为陆军元帅。经多年酝酿制订了德国东西两线作战的完整战争计划（史称"施里芬计划"）。其作战思想对两次世界大战交战双方均有影响。著有《坎尼战》《统帅》和《现代战争》等。——编者注

第一章
关于将军的产生

人表现。这样的军人对任何一支军队来说,都是凤毛麟角。所以拿破仑说过一句话:很少找到愿意打仗的将军。拿破仑打了一辈子仗,无数人尾随他成了将军,但他最后感叹,很少找到愿意打仗的将军。湘军悍将胡林翼说:"兵事毕竟归于豪杰一流,气不盛者,遇事而气先慑,而目先逃,而心先摇。……其识力既钝,其胆力必减,固可忧之大矣。"胡林翼强调军人一定要"气盛",将军一定要"气盛",有些人看起来很听话,"平时一一秉承,奉命惟谨",但"临大难而中无主",表面上与中央保持一致,你说怎么干我就怎么干,你不说怎么干我也不知道怎么干,其实是推诿,放弃职守,一点积极性、主动性、创造性都没有,只知保官保命。这是将军所为吗?就这么简单概括将军的基本特质了?我觉得我们从这些反面例子也可以真正体会一下将军的意义。

平庸将领何以不胜

和平时期这种状态可以说是普遍存在的：被动地保官保命。这同样是和平对军队的腐蚀，对将军的腐蚀。和平时期怎么办？必须通过教育、通过训练、通过增加军人的阅历，完成对松懈的防范、对不合格者的淘汰。

先看美军在和平时期对军人的教育，看看这几个学院：
National War College（国家战争学院）
Army War College（陆军战争学院）
Naval War College（海军战争学院）
Air Force War College（空军战争学院）
很奇怪的是我们的翻译：
National War College→国家军事学院
Army War College→陆军军事学院
Naval War College→海军军事学院
Air Force War College→空军军事学院

第一章
关于将军的产生

我曾问过几个部门,对方都是 War College（战争学院），为什么我们要翻译为"军事学院"？为什么这样译？得到的解释是"军事"比"战争"外延更宽，战争就是打仗那点事，军事还包括和平时期的协调、管理等，比战争涵盖更广。我说，人家是教战争的，就是强调教你如何从事战争、如何赢得战争，非常明确，我们翻译成"军事学院"，实际上是将我方对战争色彩的淡化强加于对方。对方的军事教育主要就是战争教育，所以和平时期同样叫战争学院，就是开宗明义的战争教育。

关于教育，邓小平讲了三个面向：面向现代化、面向世界、面向未来。美军的军事教育系统与我们不同，它是面向战争、面向对手、面向未来。"面向未来"对他们来说就是面向未来的对手，面向未来的战争。对手是谁、和对手进行什么样的战争、未来战争模式是什么样的，他们都在研究这些问题。这些观念我们很长时间都模糊了，甚至连对手都搞不清了。2012年黄岩岛事件和钓鱼岛危机以前，有将军在中央党校讲课，刚讲完，党校教务处就给我们打电话："金教授，你们得过来再讲一次。我们省部班就这么一节军事课，×××将军讲军队没有对手了，美国不是，日本不是，台湾都是中国的，中国人不打中国人，哪有对手？没有了。地方省部级干部听得目瞪口呆，军队没有对手了？那还要军队干什么？"党校教务处着急，说："你们赶紧来补一下，不然他们一毕业，观念就无法补救了。"这个电话让我吃惊。很长一段时间以来，我们研究面向现代化、面向世界、面向未来，我们的对手是谁？搞不清楚。跟对手打什么样的战争？也搞不太清楚。军事教育是干什么的，与地方教育的区别在哪里？我们要特别注意这个问题。

美军的战争教育从来不是面向和平、不是面向和谐的，我们要特别地注意。军事教育要特别提醒：不管我们过去多么成功，都不要以为未来也会同样成功。大家看看国内战争时期苏军的五名元帅——伏罗希洛夫、布琼尼、叶戈罗夫、布柳赫尔、图哈切夫斯基，五人都是国内战争时期的英雄，二战前"大清洗"，叶戈罗夫、布柳赫尔、图哈切夫斯基三人被枪毙，剩下两个元帅——伏罗希洛夫、布琼尼，二战期间毫无建树，都没有贡献。当年布琼尼的骑兵军多么著名，保尔·柯察金的梦想就是加入布琼尼第一骑兵军。但卫国战争初期，布琼尼与斯大林一样，反对朱可夫的西南方面军撤退、放弃基辅方案，导致西南方面军几乎全军覆没。原有的作战经验已经过时，他自己并不知道。这就是军事教育的必要性所在。哪怕是原来作战卓有成效的指挥员，也必须提升作战水平。在军事领域，特别是战争领域，成功从来不会简单地复制。过去成功不一定意味着未来会成功。这一点特别重要。如果过去的成功能够保证未来成功，那还搞军事教育干什么？

第一章
关于将军的产生

再看看抗美援朝第五次战役①，志愿军第三兵团60军180师遭受严重损失，主要原因在180师和兵团这两级，60军这一级责任小一些。当时第三兵团刚刚入朝，由39军、60军、15军三个军组成。39军入朝时间最长，战斗经验最丰富，但兵团领导基本上按照国内战争的思路部署，以入朝时间不长的60军、15军两个部队打头阵，把39军作为预备队。60军的179师和181师打过一些小仗，有一些经验，180师与对手还没有过接触，就考虑让180师锻炼一下，放在了最前面。我们可以想象，没有与美军接触过的部队被放在了最前面，打美军最有力的部队成了预备队，尤其是180师组建时间不长，180师主要领导军事造诣不高，独当一面完成任务的经验基本没有，这个时候把最弱的部队放到前方去，结果只能是灾难。180师的严重损失，是我军战史上一个很大的败笔。第三兵团的指挥者是谁？第三兵团司令陈赓，因伤未到任，代司令是王近山，就是《亮剑》里主人公的原型。当然《亮剑》取了好几个军队领导人的事迹，但主要还是取材王近山。大家看《亮剑》时心潮澎湃，但仅仅将《亮剑》所表现的那些国内战争手段拿到朝鲜战场上是不行的，要出大纰漏。

第三兵团参谋长王蕴瑞总结说，兵团在指挥上犯了一连串的严

---

① 抗美援朝战争第五次战役，是1951年春夏中国人民志愿军和朝鲜人民军一起在朝鲜"三八线"附近地区对以美军为首的"联合国军"进行的反击战。中国人民志愿军在极其艰苦的条件下，经过五十天的战斗，歼灭"联合国军"八万余人，缴获和消耗了敌人大量物资装备，迫使敌军转入了战略防御，也使中国军队进一步取得了对美军作战的经验。从此，双方转入战略相持阶段。——编者注

重错误。第一阶段用兵过多，部队拥挤造成战场混乱，增大伤亡。第二阶段错误更多更严重：擅自将60军主力181师、179师调春川东北地区使用，正面助攻力量过于薄弱，这是一错；60军主力东调后又迅速在寒溪地区投入战斗，这是二错；过早将39军两个师撤走，造成一大空隙为敌所乘，180师因而更加孤立，这是三错。

王蕴瑞被誉为"最好的参谋长"，杨成武要他，陈锡联请他，最后还是被陈赓抢去当了志愿军第三兵团的参谋长。王蕴瑞后来说，作为参谋长，他有三次荐言权，三次不听，他也没有办法。在总结中，他最后十分深刻地写道，造成以上原因是爱面子的虚荣心，想打好出国第一仗，想一鸣惊人，把打国内战争的老办法机械地搬到朝鲜战场上，把强大的突击力量认为是人力，不把战术技术特别是火力包括在内，成了蜂拥而上的人海战术，造成部队惊人的伤亡。这些血的教训是痛苦的教训，应该很好地深刻总结，教育我们自己和全体干部。

为什么要进行军事教育？仅仅凭过去的光荣就能保证未来光荣？主官不强，危急时刻对部队是巨大的灾难。

180师的主要领导在危急时刻多次提出分散突围，被军长否定后，遇到情况就砸电台、烧密码，最后只好分散突围。师的领导班子是一个软班子，导致全师溃散。

180师代政委吴成德停留片刻处理伤员，其他师领导即弃之而去。

副师长段××命令部队坚守以掩护自己突围，突围出去后竟不通知部队撤退。

第一章
关于将军的产生

代政委吴成德遇538团长庞××，要求再带一人，庞××只答应带吴成德一人，吴成德稍犹豫，庞××竟连吴成德也甩下不顾，脱身而去。

538团参谋长胡××嫌突围人多目标大，将其他人甩掉，甚至把跟他一起的同级干部也丢掉，自己逃跑。

60军政委袁子钦后来总结说："干部宝贵不宝贵？干部是宝贵的，它是完成党的任务的保证。但脱离了群众的干部是不宝贵的，军队干部丢掉了战士，即不是宝贵的而是可耻的干部！"

很多人都是未来将军的人选，一定要知道平庸将领何以不胜、何以失败，才能知道怎么才能取胜。看看别人是怎么翻船的，你才知道怎样避免自己翻船。

走出虚幻战争，打赢未来战争

1979年对越自卫反击战，41军政治部副主任宋子佩写了本《生死二十八天——四十一军对越作战高平战役纪实》，里面描绘出了同样的情况，简单以国内革命战争经验拿到对越自卫反击战上，造成了惨重损失。其中讲到广州军区前指首长作战决心是，高平战役分为两个阶段：第一阶段歼敌两三个师，三五天内完成；第二阶段歼敌四五个师。41军1号首长说："我军任务是在第一阶段，必须吃掉高平之敌346师四个团及两个地方团1.5万余人，为战役第二阶段创造条件。"还说，"我们的兵力超过敌人数倍，部队拿出打蒋介石国民党军队的劲头，是手拿把掐的。""我们现在两个担心，一个是担心敌人跑掉，那就遭了，花这么大力气打个击溃战，实在是得不偿失！第二个担心，就是如何押送俘虏。战场上那么多俘虏，让干部、战士怎么办呀？"

实际情况是他的两个担心都没有出现。敌人没有跑，而是化整为零，分头进行小股袭击战，给我军造成很大伤亡。我们从头到尾没有抓到很多俘虏。

第一章
关于将军的产生

宋子佩说："在他心目中，40年代中期和70年代末期都是一个样子，只要拿出三十年前打仗的劲头，就可以无敌于天下。"

担心的事没有出现，不担心的事却发生了。宋子佩当时是作为军干部参加穿插的唯一领导，带部队打了二十八天穿插，他写道：

> 最初认为"我军战斗力超过越军几倍"，所到之处"一扫而光"，完全低估了敌人。原定穿插十二小时到位，结果大部分六十小时才到位。战役指挥慌乱，从纵深穿插的一个师急调一个团、三个营增援友邻，造成部队惨重伤亡。
>
> 部署上轻敌，从未认真考虑保护公路运输线，穿插部队进至纵深，公路全被越军切断。三至五天弹尽粮绝，烈士不能被送回国，伤员随队十一天缺医无药，轻伤不断，恶化加重，重伤员不断死亡。
>
> 原定战役第一阶段三五天时间内歼灭敌346师六个团、五个独立营，结果打了二十八天也未全歼。战役第二阶段根本无法进行。

还击战结束后，大家都在庆功、授奖，宋子佩在做详细记录，还到各个部队去了解真实情况，最后写成《生死二十八天——四十一军对越作战高平战役纪实》。该书2014年由41集团军印出内部发行的时候，宋子佩已经去世六年。他的临终交代是：

"之所以没有发表，主要考虑内容太真实，涉及不少敏感事件，以后如能在适当时候发表，也算是我最后交给组织的一份作业。""还击战经验是丰富的，胜利是重大的，教训也是深刻而沉痛的。军人要永远铭记知己知彼才能百战百胜的真理。"

书中提出的一句非常好："走出虚幻战争，打赢未来战争。"

不要以为未来战争与脑海里面的虚幻战争一样，不要以为过去胜了将来就一定胜。这就是我们今天为什么要讲"关于将军的产生"。我们都知道过去取得的辉煌胜利，但是你作为一个未来的将军，不知道我们吃过的亏、摔过的跟头，能真正完成未来你的职责吗？

刘伯承元帅讲过一句话："要建设一支现代化的军队，最难的是干部的培养，而培养干部最难的又是高级干部的培养。"我们说战争准备包括装备准备、经费准备、工事准备、部队准备，刘帅讲"军官的培养，是最艰巨的战争准备"。

这就是军事教育的最大意义，与地方教育完全不同的意义。

战略、装备——指挥与技术的完全合一

军事教育绝不单单是基础教育，还有战争教育，是 War College，一定要强调"走出虚幻战争，打赢未来战争"，这是军事教育的核心。英美的军事教育都是这样。看看英国这些军校——桑赫斯特皇家军事学院、克兰韦尔皇家空军学院、不列颠皇家海军学院、联合指挥参谋学院、皇家军事科学院、皇家国防研究学院，从资格最老的桑赫斯特皇家军事学院开始，一入校都是战争教育。美军也是如此，美军各种军校，从陆军军官学校（西点军校）、海军军官学校、空军军官学校、陆军指挥与参谋学院、海军研究生学院、陆军战争学院、海军战争学院、陆战队大学、空军大学、国防大学，全部都是战争教育、打赢教育，这是对方高度聚焦的地方。

所以流传一句玩笑话："你想学东西吗？到美国军校去。你想吃苦吗？到英国军校去。你想享福吗？到中国军校去。"我们是外军学员一来，就机场迎送，帮着搬运行李，学习期间提供各种服务，每周还组织去虹桥买特色商品，还配翻译帮人家砍价。他们学习完了，一个集装箱一个集装箱地拉东西走，我们再帮着搞托运。到外军学

习谁管啊，都是你自己的事。2000年我到英国皇家军事科学院学习，就是英国国防部传来通知：某月某日几点钟以前到皇家军事科学院报到。怎么报到，不管。你来报到是坐飞机、坐火车还是坐轮船，不管。路费自理，准点来报到就行。皇家军事科学院学习结束，结业仪式很隆重，皇家军事科学院院长颁发证书，一个又一个学员上来，他与每个人握手加寒暄一分钟，照相、录像，一分钟之后你就可以走了。怎么走啊？皇家军事科学院也不帮你订票，订票是你自己的事情。你不走，也可以住在这儿，但第二天就开始计价，收费很高，住宿和就餐都要算，因为你的补助截至当天晚上十二点，第二天开始就商业化管理，弄得你真是没有办法。

我们班30多名军官，来自26个国家和地区，都是高级军官，有好几个准将，我当时是大校，也给列为准将。准将住什么？进门一看，一张床窄得翻身稍不注意就会掉下来，上面铺床毯子，有一张小桌子，屋里面没有卫生间，有洗脸池和一面镜子，感觉好像和囚室差不多。韩国军官给我出主意，说，你得抗议，高级军官屋子太小，你一抗议，就给你换大房子。我说，是吗，管不管用？他说管用。我就下楼走到前台提出抗议，为什么给高级军官分配这么小的房子？管房子的是两个老太太，马上查登记表，查军衔，哦，房子太小了，给你调一个。她们真给我调了一个，大了三分之一，还是没有卫生间。卫生间、淋浴室都在走廊里，是公用设施。班里来自科威特、阿曼、卡塔尔这些中东石油富国的军官根本受不了，他们不在皇家军事科学院住，几个人租住伦敦的五星级宾馆。皇家

第一章
关于将军的产生

军事科学院距离伦敦将近150千米，他们开着租的奔驰车天天来回跑。这些中东石油富国的军官很有钱，就是觉得皇家军事科学院条件太差。

当时我们住在罗伯特大厦，到课堂所走的路很远。英国人说大约十五分钟可以走到。他们人高马大，十五分钟走到，我们快走得二十分钟。课程安排非常满。上午五节课，一直讲到十二点；下午一点上课，没有午休。十二点到下午一点就一个小时，课堂附近没有餐厅，我们得急匆匆走二十分钟回到罗伯特大厦就餐，二十分钟以内必须吃完饭，你还得用二十分钟走回去。吃饭二十分钟，来回走四十分钟，急急忙忙奔到课堂往那儿一坐，浑身是汗，肠胃还在消化，脑袋肯定供血不足，木呆呆的，教授讲什么，我们根本反应不过来，而下午最少又是三节课，就是这种强度。我们总讲国外教育是启发式教育、诱导式教育，中国是填鸭式教育、灌输式教育，满堂灌。我们在皇家军事科学院，谁诱导、启发我们了？都是满堂灌，灌得我们晕头转向。所以说，想吃苦，去英国军校。他们经费有限，十分节俭。我们去伦敦参观见习，将近150千米的路程，一个大轿子车把我们30多人全部拉过去，到"白厅"（英国外交部）刚下车，车就开跑了。为什么车不等我们了？我们班的责任人泰勒教授回答说，几个参观点——外交部、国防部、联合作战指挥中心、联合参谋部，离得都不远，走过去就可以了，伦敦停车费很贵，下午车会开过来接大家。后来发现参观点并不是泰勒教授讲的那样距离都很近。

那天伦敦细雨蒙蒙，我们30多名高级军官穿着被浇湿的衣服，像一帮难民一样，参观完一个单位又走向另一个单位。科威特的哈利德·萨巴准将说："我一辈子没有走过这么多的路！"中午在联合参谋部指挥中心午餐，吃的是什么呢？连座位都没有，站在那儿，一个人一小块蛋糕、一个苹果、一杯橘汁就算完了。这就是对方的标准，太不一样了。而我们呢？去课堂上课，只要下雨了，大轿子车就会开过来接；有时雾霾太严重，大轿子车也开过来接。在英国没有这个可能。在美国也没有这个可能。而在我们这里是可以的。英国军校给我印象特别深的是什么？同样的校园里面，那里的指挥与装备是一体的，有坦克中心（Tank Shed）、全球安全研讨中心、联合指挥参谋学院、新材料中心（有尼龙、凯夫拉等避弹材料）、发动机与空气动力中心（英军最大的风洞）、火炮中心、地空导弹与地地导弹中心、计算机中心、灾难救助中心、联合作战条令及新概念中心、皇家军事科学院校部、作战模拟中心（该中心是英军保密程度最高的地方，英国人说，别说你们中国人，就是美国人来了也不能进去）、英军联合作战指挥中心、防务管理中心、新型火药中心。有一次，我们正在防务管理中心参加研讨会，听他们关于英国是否有必要加入欧盟的辩论，就听见外面砰的巨大的爆炸声——他们正在试验新型火药。皇家军事科学院校园的直升机停机坪上，皇家国防学院的高级军官从伦敦飞过来搞计算机模拟，就在这里下飞机。校园的道路上，随处可以看见挑战者Ⅱ型坦克履带压的印痕。他们就是这个氛围，校园里实现教学与装备的一体。英军一位中校跟我们讲肩扛式地空发射导弹的使

第一章
关于将军的产生

用、分解、接合、分发和瞄准，非常地熟练。他们既在这里学战略，又在这里学习使用各种最先进的装备，实现指挥与技术的完全合一。

美国国防大学也是这样。1997年我们到美国国防大学学习，2001年去那里讲学，2003年、2008年两次陪校长去那里访问。接待我们的不是专车车队，更没有什么警车开道，他们用黑鹰直升机。我们去了以后，他们校长陪着我们校长加上我们这些随员，就是两架黑鹰直升机，上直升机就飞走。那天雾非常大，我说，直升机来不了吧。美方说，没问题，马上就来。很快，直升机来了，从云雾中下来，很简单，舱门一放，准备登机。

没有为我们事先放警戒哨、调整哨，没有这些。而且我们上去以后，一看这架直升机，表面蒙皮的漆都磨掉了，铝合金的本色露出来了。我们往直升机舱位上一坐，系安全带，帆布安全带都是毛边的。这说明这直升机经常使用，绝不因为你们代表团来了就粉饰一新。刚刚坐好，舱门还没有关呢，直升机就起飞了，拉起来后压低高度，大倾角顺着波特马克河就飞了出去。我们觉得这是有不安全因素啊，但人家没有这套东西，非常简洁。系安全带是不须强调的常规动作，如果没有系好而摔出舱外，那也是你的责任，与驾驶无关。所以他们动作非常快，非常利索，不像我们，一接触技术装备就分外小心，这个不能摸，那个不能碰撞，小心谨慎，就怕出差错，而对方把他们的装备都用得烂熟了。

美军高级军官的八个传统

真正推动军事变革的，不是军事思想，而是军事技术。《孙子兵法》和克劳塞维茨的《战争论》①千古不移，今天让世界军事日新月异的，是技术。所以对今天来说，脱离军事技术，就是脱离军事实践。我们对古典兵书、战法等研究得头头是道，但我们很少接触先进武器。我军有一些人在英国皇家国防学院学习过，都知道那儿的高级军官必须有一次乘坐战斗机的经验，自己可以选择飞什么样的战斗机。当然乘坐之前要进行体检，看你的血压、心脏行不行。先飞几个简单科目，还会问你感觉怎么样、能否承受，然后再带飞几个G特技②。完成乘坐战斗机后，还要乘坐潜艇、装甲车和坦克等，让你一定要与现役军事装备接触，一定要有感性认识。对我们来说，我觉得制约我们战法选择的不是军事谋略，而是技术；制约我们思维创

---

①《战争论》被誉为19世纪西方军事理论的经典之作。作者运用唯物论和辩证法，论述战争性质、战争理论、战略、战斗、军队、防御、进攻、战争计划等重大战争理论和军事学术问题。克劳塞维茨本人因这部著作而被视为西方近代军事理论的鼻祖。——编者注

②G指加速度单位，一个G代表9.8m/s²。——编者注

第一章
关于将军的产生

新的不是军事理论理解能力，而是技术理解能力。2016年习近平主席在"两会"解放军代表团会议上讲军队要创新，怎么创新？学了理论，学了中央精神和军委决议，我们就创新了？对装备一知半解，对技术一窍不通，不知道技术带来的翻天覆地的变化，怎么创新啊？当然我们今天不可能完全了解所有技术，对网络、计算机、微电脑、数据链、航空、航海，全了解是不可能的。我今天反复强调技术理解力，不是理论理解力，而是技术理解力，一定要理解技术带来的翻天覆地的变化。不理解技术条件带来的颠覆性变化，不打破原有的习以为常的传统规则，就无法获得创新的必要条件，因为你无法超越旧有的思维樊篱。美军五角大楼一个军官经常搞接待，跟我们高级代表团接触多，总部的、三军的、国防大学的都接待过，有经验，中文也很好，认识我们很多的高级军官，个人关系都不错，他讲了这么一句话："你们的高级军官自然科学知识差，从非军事角度理解军事问题的能力差。"因为他发现，我们很多高级军官一讲到装备就听不懂，不知道，不了解，不熟悉，甚至没有听说过。当然，现在我们不一样了，现在我们好多了。2001年到2003年前后，我们都出过这样的问题，参观美军航母，我们有大区副职的领导竟然发问："这些个飞机翅膀怎么都是断的啊？"连折叠机翼都不知道。当时我们还有集团军的领导访问俄罗斯，竟然连装甲战斗车和步兵输送车的区别都不知道，还跟翻译讲："小伙子，你让他们再讲一遍，我看这两个家伙差不多嘛！"翻译后来跟我说："我不能再去问了，再问就太丢人了。"我们的高级军官不能一说就都是理论、都是文件、都是关系，如果连自己部队的装备都不熟悉，平时怎么领导？战时怎么取胜？我们今天是缺乏理论培养吗？我们开几个创新研讨班，背诵文件，翻新概念，我们就创新了？有那么简单吗？怎样冲破传统思维樊篱？它是技术带来的变化。战斗力生成模式的转换，靠的是什么？靠的是对技术条件的感知和把握。我深刻地感觉我们今天最缺乏的不是理性认识，而是感性认识。缺乏对现代先进装备的感性认识，对枪支，你得摆弄它；对潜艇，你得真跟它走一趟；飞机得坐坐，感觉从空中打击地面、俯瞰地面，从空中掌控地面的能力。我还是很有幸的，在航空集团讲课，去他们的飞行学校试驾飞机；参加中美联合军事学习；乘坐军舰横跨太平洋；在国家海洋局讲课，乘坐海监飞机去东海看春晓、平湖油气井；乘南海舰队换补编队，去南沙群岛七礁八点，一个礁盘一个礁盘上去。这些实践活动使我受益巨大。我们没有感性认识，就无法真正建立理性认识。美国人现在提出，过去是大吃小，现在是快吃慢。所以一定要快。但怎么快？通信联络快，力量投送快，部队反应快。技术条件带来的速度，造成军事领域很大的改变。

1999年泰国国王生日，我军代表团访泰，总参谋长带队访泰。看到泰国国王邀请嘉宾名单上有美军参联会主席谢尔顿，但晚宴上此人未出现。怎么回事？泰国国防部解释，第二天会给大家一个惊喜。第二天泰国国王阅兵，阅兵开始后，这位美军参联会主席谢尔顿和泰国陆军司令从天而降，从空中跳伞下来，跳在主席台前收伞，上主席台与大家一一握手，进入他的座位。全场皆惊。最吃惊的可能还是我们中国军人。我方是总长，美军也是总长，美军的总长从天而降。

第一章
关于将军的产生

跟美军陆军军官接触，如果注意观察，你就会发现，他们胸前基本都有这种徽籍——伞降徽籍。谢尔顿胸前的徽籍还加了颗星，跳伞10次才能获得这颗星。

美国陆军军官几乎都佩戴这种徽籍，即都经过伞降——而不是机降——训练。我军现在跳伞的只有空15军和一些特战部队，对大多数陆军军官来说，伞降似乎不是我们的事。而且现在说实话，空15军领导跳伞的也不是那么多了，师以上领导不像李良辉当军长时跳伞那么多了，这是我们的大问题。我们讲"关于将军的产生"，还有一个横向对比问题。所以我经常觉得，我们有美国这样的强劲对手非常好，它牵引我们必须提升，逼使我们必须提升。如果说我们的对手是软绵绵的、弱不禁风的、半身不遂的，那就太好对付了，我们睡大觉都没事。

但我们的对手是这样的人，我们必须提升自己。现在美军所要求的灵敏、果断、快速，是怎样实现的？就是由将军带头实现的，一方面靠装备，另外一方面靠军人的训练。所以美军反复强调绝不与对手公平较量。他们一定要以自己的优势战胜对手。优势是什么？速度、素质。我们有这样强劲的对手，不是我们的灾难，而是提升自我的最大推动力。你强，我就向你学，改变我自身，向你学。这绝对不是虚幻、空幻的。美军认为，对于将军来说，指挥是赋予军官的最高职责。其《军人手册》里有这样几段：

召唤火力支援，在障碍物中开辟通路，在枪炮声中通信联络，后送伤亡人员，运输补给品……作战中的压力和疲劳，会撕去人们的虚伪外表，暴露出最本质的言行和态度。

士兵不会信任那些远在后方、对部下漠不关心的领导者。要想鼓舞和鼓动士兵心甘情愿接受苦难、剧痛、伤残和死亡，必须与士兵同甘共苦，才能让士兵信任你、相信你的判断。

指挥官在地上匍匐或在掩体中缩头缩脑，部下会纷纷效仿。你鼓起勇气主动承担风险，士兵也会表现出超乎想象的英勇。

如上所述，高级军官的先导作用、领头作用、榜样作用极其重要。美军内部一方面是现代化的教育，另外一个方面则是非常崇尚传统。

美军的《军人手册》里规定高级军官具有的八个传统：

荣誉传统：军官应超群脱俗，克服从事要求不高的职业的人们所具有的那些弱点。

公职传统：军官必须承受经常性职业艰苦和职业风险，军官为了履行自己的公职，可能付出生命代价。

忠诚传统：军官必须实实在在地忠诚。没有忠诚，就会失去信任，就可能毁掉其被委任或使用的价值。

完成任务传统：平时训练计划必须有效贯彻执行，规定时间内必须坚守岗位，军容严整，仪表端正，充满自豪感；战

第一章
关于将军的产生

时，攻击的目标必须拿下，防御的目标必须守住。

领导传统：军官受训既是为了领导别人，也是为了接受他人领导。没有一个人能平步青云，上升到不必对另一个人负责的职位。军官必须具有与集体和友邻合作共事的能力。

言语即契约传统：军官必须做到言为心声，陈述的事实无论口头的还是书面的，必须做到深思熟虑、言必有据、结论合理。

常备不懈传统：随时做好驻地和任务突然改变的准备，能立即转入战时状态，率领部队奔赴战场。

一视同仁传统：以身作则是对所有军官的要求。凡涉及品德、信誉或蓄意欺骗的过错，不论久经考验的高级军官，还是新任命的下级军官，其性质同样严重。

我们很多人认为美军就是玩技术的，玩计算机和电脑。其实，美军非常重视军官的传统，如荣誉、公职、忠诚、完成任务传统。

例如言语即契约传统。我们的军官在俄罗斯学习时，俄罗斯教官说俄军作战电文浩如烟海，中国军队跟他们一样，作战电文也浩如烟海，什么都要圈阅、批示。俄教官介绍说德军就非常简练，一个电话过来，就承诺、执行。让你坚守阵地，你就在这儿守着，电话线都被炸断了，被苏军包围了，因为没有撤离指示，还在这儿守着。电话里的承诺即使是口头承诺，他也坚决遵守。我们有时候等待批示，看不见那几个字就不行动，为什么？为了责任。责任是谁的要搞清楚,从纸张文字上搞清楚,否则不好办。为什么作战电文都要圈阅?就是这个责任问题。美军虽简练,强调"言语即契约",但仍不如德军简练。德军的"言语即契约"融进军人血脉,就是我们讲的"君子一言,驷马难追"。如果说我让你干了,事后又不承认,说我没说过,你有证明吗?这就把"言语即契约"毁掉了。这只会导致繁文缛节,事无巨细不见上级批示绝不行动,只能导致错过行动最佳时机。

军人战争素质的训练与养成

我们平常讲"没有打不倒的兵"——兵败如山倒，就怕打不倒的将——"强将手下无弱兵"，就是这个道理。打仗，就是"打将"。怎样把最适合的将领选出来，是世界性的难题。瑞士裔军事家约米尼[①]说，"对统帅的选择，是国家管理科学中最复杂的问题之一，也是国家政策中最重要的部分之一"，"不幸的是进行选择时，往往对是否符合社会利益、是否正确考虑得较少，而对任命统帅影响较多的却是偶然性、年龄、私人好恶、党派倾轧、忌妒和竞争"。这是世界性问题，任命统帅会出现很多非能力因素的干扰。约米尼说："假如让我考核选拔将才，那些能够把敌人行动判断得清清楚楚的人，我会把他们列在第一等；而对于深通战略理论的人只能摆在次一等。因为理论讲起来头头是道并不困难，而要真正实际实行并非那么容易。"

[①] 约米尼（1779—1869），又译若米尼，瑞士裔法国将领、军事理论家。著有《论大战》（5卷）一书，因此书而受拿破仑赏识，被任命为上校参谋，后升任参谋长，但因受歧视而辞职。1813年起在俄军中供职。此后又著有《战略学原理》和《战争艺术提要》等。——编者注

战争从来不是学术演绎，从来是生死存亡问题。怎样按照约米尼所说的"把敌人行动判断得清清楚楚的人"列为第一等，而不是把会搞关系的、跟自己熟悉、顺从自己的列为第一等，是选择将领过程中的大问题。这里面除了教育还不行，还必须训练，形成不是在官场上而是在训练场上露出差异的机制。

美国陆军最大的训练中心——欧文堡国家训练中心，也是全世界最大的地面部队训练中心，其格言为："成功的秘诀是在第一次战斗前挑选好并训练好指挥官，使他们在遭受伤亡前得到最好的训练。"训练目的非常明确：伤亡前得到最好的训练。要了解美军训练的严酷性，先给大家举一个欧文堡和利文沃斯陆军指挥与参谋学院的例子。2001年3月我在美国国防大学讲完学，可以选一个地方参观作为回访。他们以为我要去位于纽波特的海军战争学院，因为那里风光非常好，我没去过。我选择了去堪萨斯州的利文沃斯沙漠里面的美军陆军指挥与参谋学院。为什么选择去那里？因为那里是1991年海湾战争[①]美军作战方案的提出地。美军作战过去从来是一线平推，全部凭借装备优势、火力优势占领阵地，没有国

---

① 海湾战争：以美国为首的多国部队于1991年，为恢复科威特领土完整而对伊拉克进行的战争。1991年1月17日，多国部队在伊拉克拒不撤军情况下发起"沙漠行动"，空袭伊军事目标，战争打响。2月24日，多国部队地面部队开始进攻，突破伊军防御，包围巴士拉以南地区的伊军精锐。26日，伊拉克宣布停火，并从科威特撤军。28日，多国部队停止进攻，战争结束。在战争中，美军首次将大量高科技武器投入实战，展示了压倒性的制空、制电磁优势。通过海湾战争，美国进一步加强了与波斯湾地区国家的军事、政治合作，强化了美军在该地区的军事存在。——编者注

第一章
关于将军的产生

际军界津津乐道的"Art of War"（战争艺术）。美式军事行动就是"Operation"，就是操作，就是工程，就是混凝土般的弹药堆积和覆盖，然后占领。所以连西方军事家都认为美军作战是欠缺精彩战例、欠缺军事艺术的。但1991年海湾战争却打出了花样。美国第七集团军对伊拉克军队实施的左翼大纵深迂回，显现出了与二战中的德军、苏军和国内革命战争时期我军类似的战法，可以称为有军事艺术的味道了。这个"左勾拳"方案的提出者，竟然不是美军参联会作战处，而是利文沃斯陆军指挥与参谋学院一伙自称"杰迪骑士"（《星球大战》影片中的离经叛道者）的中校和少校，而且他们的方案竟然被美军指挥机关接受和采纳。所以我非常好奇，想去看看利文沃斯是一个什么样的地方，这伙中校和少校是怎么训练出来的、怎样通过训练达成对和平时期军人战争素质的培养的。

到了以后才知道，那里是美国陆军的地狱，以训练严酷著称。外行人都知道美军的西点军校，但美国陆军的核心不在西点，而在利文沃斯。那里的陆军指挥与参谋学院以要求严格、纪律严酷著称，军官之间竞争十分激烈，平均每年有一位学员自杀，以致陆军部曾想关掉这所学院。这是一所魔鬼学院，训练太严格、标准太高，学员受不了，总有人自杀。利文沃斯也正是因为严谨，产出了一批优秀军官，如马歇尔、艾森豪威尔、麦克阿瑟、李奇微、施瓦茨科普夫、彼得雷乌斯。美军的名将几乎全部来自利文沃斯。就是这种严格的训练产出美军内部最多的战将。美国人讲，美国的社会是公平的社会、自由的社会、人权的社会，但军校内不是这样。西点就非常严格了，但西点和利文沃斯还不能比。举一位利文沃斯最杰出的人物——艾森豪威尔，美国人总结他有这样几点：

出身第一穷。家里七八个孩子，上学都困难，一点背景没有。

晋升第一快。1941年艾森豪威尔还是上校军衔，1945年已升到五星上将。

统率第一广。艾森豪威尔不仅统率赴欧作战的美军，还统率了欧洲盟军，美国第一次统率了欧洲大陆除苏联等几个国家之外的全部武装力量。

地位第一高。艾森豪威尔最后当了美国总统。这是利文沃斯最大的骄傲。

而艾森豪威尔当年上军校根本不是因为立志从军，而是因为家里实在没有钱。哥哥和他同时考上大学，父亲说不行，他得打工供哥哥上学。艾森豪威尔打工一年多，发现军校免费，便考入西点军校。他在西点军校学习成绩平平，对军事无甚兴趣，整天想着打橄榄球。他打橄榄球的位置是四分位——冲撞极猛的位置。一次比赛中严重受伤后，他不能再打了，球队不要他了，学习成绩又差，几乎在西点混不下去，他自己把退学申请都写好了，硬是被周围同学拦下来。转机来自两个因素：利文沃斯的训练和第二次世界大战。利文沃斯给艾森豪威尔提供了非常严酷的训练。

他回忆说，自己一生最严酷的训练，第一来自母亲，第二就是来自利文沃斯。家里孩子太多，母亲训练严格，不讲别的招数，就是打。一次，艾森豪威尔和哥哥给在铁路上工作的父亲送饭，要过

第一章
关于将军的产生

一条河，恰逢涨水，他们把送饭的事忘了。几个小伙伴找条船划起来，船翻了，几个人都掉水里，他爬出来后发现饭盒被冲走了。他父亲在铁路工作那么辛苦，中午连饭都没有吃上。下午回到家，母亲让他和哥哥靠墙角站好，拿藤条抽，一边抽一边落泪，一句话都没有。艾森豪威尔对这一幕印象非常深刻。他说，"我的战役战术是利文沃斯教的，战略是母亲教的"，对母亲的教育印象极其深刻。在竞争严酷、激烈，平均每年一名学员自杀的利文沃斯，艾森豪威尔以第一名的成绩毕业。差点被西点淘汰的艾森豪威尔，在利文沃斯硬是被挤压出能力来了。

紧接着战争发生。战争带来的机遇，使艾森豪威尔将无论是从母亲那里学的还是利文沃斯教的，全部淋漓尽致发挥出来了。1941年美国参战，艾森豪威尔是陆军上校；1945年战争结束，他已是五星上将，四年晋升五级。而此前从1916年至1941年，艾森豪威尔从陆军上尉到上校，用了二十五年时间才晋升了五级。机遇偏爱有准备的头脑。真正的机遇到来时，一些人做好了准备，大多数人却没有做好准备，艾森豪威尔是做好准备的人，是利文沃斯严格训练的产物。

再看利文沃斯训练出来的另一个美军将领——李奇微。这是个给我们志愿军带来严重损失的家伙，被西方称为"朝鲜战争中挽救了联合国军"的人。他把我军琢磨透了，其训练就来自利文沃斯。此人1950年12月接任美第八集团军司令兼"联合国军"地面部队司令，正值以美军为首的"联合国军"全面败退之时。麦克阿瑟预言，如果不用原子弹，就顶不住志愿军攻势，只能退出朝鲜半岛，撤到日本。李奇微也在回忆录中记录了当时的困难情景：站在吉普车上拿自动步枪朝天开枪，也无法阻止韩国军队狂潮一般的溃退。他截住一个韩军指挥官，告知其立即阻止后退，该指挥官说，中国人来了，赶紧跑吧！李奇微也没有办法，制止不了。他后来在回忆录中说，这些韩国军人把中国人看成天兵天将，吓破了胆。于是他开始琢磨我军作战特点。当三组数字被放在一起比较研究的时候，问题就被他发现了：

1950年10月26到11月2日，美军遭到大规模伏击，历时八天（我方称为第一次战役①）。

1950年11月25日到12月2日，志愿军第二次猛烈攻击美军，历时八天（我方称为第二次战役②）。

1950年12月31到1月8日，志愿军攻击到汉城"三七线"，历

---

① 抗美援朝战争第一次战役是中国人民志愿军于1950年10月25日—11月5日，在朝中边境及其附近地区，对美军为首的"联合国军"及其指挥的南朝鲜（韩国）军突然发起的进攻战役。此次战役也是中国人民志愿军入朝后进行的首次作战，共歼敌一万五千余人，将进攻的美军及仆从军从鸭绿江边赶到清川江一线及以南地区。此次是敌我双方在运动中的不期遭战打响的，彭德怀将其称为"遭遇与反突击战役"。——编者注

② 抗美援朝战争第二次战役，是1950年11月7日—12月24日，中国人民志愿军在朝鲜人民军配合下，在朝鲜北部采取诱敌深入、各个歼敌的方针，将以美军为首的"联合国军"及其指挥的南朝鲜（韩国）军诱至预定战场后，对其突然发起反击的战役，是扭转朝鲜战局的一次重要战役。——编者注

第一章
关于将军的产生

时八天（我方称为第三次战役①）。

李奇微发现了志愿军的作战特点：攻击时间都是八天，不会持续时间很长。为什么会这样？为什么志愿军进行的都是"礼拜攻势"？他进一步汇集情报资料，发现志愿军后勤保障能力差，装备落后，官兵随身携带三天粮弹，人挑肩扛牲口驮的简易后勤再保障三四天，总共也就维持七天左右，只能发动礼拜攻势。在这一分析基础上，李奇微制订出针对志愿军的"磁性战术"：当志愿军进攻时，美军后退，尤其到了晚上，一定要退到与志愿军保持25~30千米距离的阵地，这是一晚上的行军距离。志愿军为避免美军空袭，基本都是晚上发动攻击，已成规律；当志愿军经过一夜行军到达美军阵地前，天已放亮，美国空军就可以出动了，志愿军陷于被动，这就是所谓的"磁性战术"。打到第六天、第七天时，志愿军粮弹将尽，以美军为首的"联合国军"果断反扑，大胆向纵深攻击，抓住志愿军粮弹不继的困难时刻，破解"礼拜攻势"。后来果然就是这样，第四次、第五次战役，我们都吃了李奇微"磁性战术"的亏，尤其第五次战役中志愿军60军180师的严重损失，与我方作战规律被敌方摸透关系极大，迫使我们的作战企图做出较大调整，原来规划的第六次战役也未再打。

这是一个特别难缠的对手。他始终在悉心研究你，仔细琢磨你，

---

① 抗美援朝战争第三次战役，是1951年元旦前后，中国人民志愿军与朝鲜人民军并肩作战突破"三八线"的一次进攻战役。此役共歼灭以美军为首的"联合国军"一万九千余人，前出到"三七线"附近，解放了汉城，粉碎了美国及其仆从国在联合国玩弄的"停战"阴谋，即守住"三八线"，争取时间准备再次北犯的企图。——编者注

寻找你的弱点在哪里,然后有针对性地下手。我们要特别注意李奇微这类对手。这也是利文沃斯训练出来的。美军若没有这样的将领,将很难扭转朝鲜战场的败局。从统率层面看,毛主席就讲过,在朝鲜作战,美国远隔万里,后勤供应是大问题;我们离得很近,几百千米,是我们的优势。结果对方凭借现代化输送装备和机制,加上依托在日本等东亚地区的军事基地,感恩节还给前线供应火鸡;我方的供应线虽然只有几百千米,但被对方的"绞杀战"[1]实施空中封锁,前方粮弹、被装供应都很成问题,不得不"一把炒面一把雪",甚至一些部队因冬装在输送过程中被炸毁,官兵冻死冻伤。原以为是对方的劣势的,对方反而在这个领域展现出优势;原以为是我方的优势的,我方反而在这个领域出现很大问题。当时我们对现代战争的了解、把握、掌控还是不强的。朝鲜战争给我们的最大启示是现代战争的教育和教训。我军现代化建设最有力的推手,就是从吃的这些亏开始。

---

[1] 此处的"绞杀战",是指在朝鲜战争中,"联合国军"自1951年8月中旬起依其空军优势,趁朝鲜发生四十年来未见的特大洪水灾害及地面部队发起夏季攻势的同时,实施的以分割志愿军前线与后方、切断志愿军运输线为目的大规模空中封锁战役。——编者注

军事是一门基于经验的科学

和平时期照样可以造就一批优秀的军人，通过严酷的训练、丰富的阅历，像18世纪法国元帅萨克斯[①]所说："战争是一种充满阴影的科学，所有的科学都有原理，唯独战争没有。"至今，我们都很难把军事科学做简单归类：到底是自然科学还是社会科学？自然科学可以通过实验得出结果，社会科学需要通过积累获得结论，军事科学则近于自然科学和社会科学之间。我们能通过兵棋推演得出全部作战结果吗？不行。通过积累完成对所有战例的研判，也不够。所以说，军事科学既不能简单归属文科，也不能简单地归属理科，它是介于两者之间的一个没有初始原理、没有可控规律的学科。从这一点出发，你就会明白，军事领域不管怎么教育，不管怎么训练，没有阅历就完全不行。就像美国著名的军事家贝文·亚历山大讲的："一切伟大思想都是简单明了的，诀窍在于赶在别人之前明白它。"

[①] 赫尔曼·莫里斯·萨克斯（1696—1750），法国大元帅、伯爵，波兰国王奥古斯特二世的私生子，曾参加过西班牙王位继承战争、波兰王位继承战争、奥地利王位继承战争。其军事理论观点集中反映在所著的《我的梦想》和《书信与回忆录》中，对拿破仑影响极大。——编者注

怎么样才能赶在别人之前？有没有阅历非常关键。你干过什么、没有干过什么非常关键。

五角大楼曾经对美军一批从中校到准将的军官做过调查，调查他们的经验、阅历和才智在他们各自的表现中占多大的比例。最后发现，当压力比较轻的时候，军官的表现好坏几乎全部来自才智，就是来自智商、学历、聪明不聪明等。但是随着压力的增大，才智占用的比例逐步减少，阅历所占的比例逐步增大。当压力达到一个量级的时候，军官的表现好坏，几乎全部来自阅历，几乎与才智不相关。也就是说，作为一名军官，不是你学富五车、有硕士博士头衔就行，而是你的经验、阅历非常关键，危急时刻，你的所有反应都是出于本能和阅历所给的反应。国防大学原副校长高金佃退休以前就反复强调军事科学是一门基于经验的科学。

我们看看成为美军航空母舰舰长的三个基本条件：

第一，飞行员出身，任职舰载机中队长以上；

第二，航母上起降800次或者飞行4000小时以上；

第三，当过舰长，在复杂情况下进出港口50次以上。

这几乎全部是经验指标，几乎没有学历指标，没有规定只有博士才能当舰长。如果按照一年飞100小时的低强度训练计算，4000小时需飞行40年，不到时间就该退役了。按照一年飞200小时的高强度计算，也需飞行20年。这里面主要不是知识积累，而是经验积累。美军官等级共设三等十级：尉官三级，校官三级，将官四级。十级台阶的设置既含学历教育，又含经验的积累。怎样通过晋升完

第一章
关于将军的产生

成对最富经验的人的筛选？我们看看美军官的晋升比例：

少尉晋升中尉比例≈100%

中尉晋升上尉比例≈95%

上尉晋升少校比例≈80%

少校晋升中校比例≈65%

中校晋升上校比例≈34%

上校晋升准将比例≤10%

准将晋升少将比例≤50%

少将晋升中将比例≤34%

中将晋升上将比例≤25%

任何军队都是这样的金字塔晋升比例、金字塔军官结构，越往上，空间越小，筛选越严。观察美军的晋升制度，会发现他们从中尉到上校这五个对军人来说最重要的晋升级别，都归一个叫"军官晋升审选委员会"的组织审选，然后由军种参谋长上报、军种部长（陆军部长、空军部长、海军部长）批准。这就决定了所有军官在达到将级以前，要多次经过审选委员会的筛选。美军没有固定的干部部门，审选委员会不是编制的机构，每年搭配组合，像法庭的陪审员制度一样，由一批品德、资历都优异的军官组成审选委员会后备人选，每年到军官晋升时随机抽取，被抽中的会接到通知，参加一系列军官的审选。"军官晋升审选委员会"成员条件如下：

1.少校以上军衔并且高于审选对象；

2.本人不在该年度晋升审选范围内；

3.审委会审选的军官中无本人亲属；

4.上年未任过同级同类审委会成员；

5.本人不属于即将退出现役的军官。

从这五个条件可以看出，他们不会让一个上尉决定一个少校的军衔，不会把个人也要晋升的利害关系加进去，不会让与被审选者有亲属关系的人参加审选，不会让一个人反复进入审选委员会成为"老油条"，不会让即将退役、心已懒散者参加审选。在成为将军以前，要经历五次、通过五个由完全不同的人组成的审选委员会的审选。审选中，军人的经历、阅历将是关键部分。军官审选优先条件，首先是海外驻防。

首先不是看在总部机关服役、在首长身边工作，这种经历起不了作用，首先是看海外驻防。同级别、同资历、同等晋升条件的，海外驻防的优先，即在中央总部、大西洋总部、太平洋总部、南方总部驻防的优先。第二个优先是，驻防期间进入过危险地带。我在伊拉克值勤，优先了；我在阿富汗服役，优先了；现在我悄悄进入乌克兰，也优先了。因为我进入过危险地带。第三个优先是接触过敌对火力。对方向我射击，我也还击，这叫接触过敌对火力，更优先。最高等的优先，是负过战伤，战伤是第一等优先条件。审选委员会对审选对象的排序是：战伤第一等，接触敌对火力第二等，进入危险地带第三等，海外驻防第四等。待在后方的、在总部机关的，只能是最后一等。这就是为什么美军有"西点好战"一说。他们从军校一毕业，就吵吵着要去前方，不愿意在后方工作，不是说他们

第一章
关于将军的产生

有多英勇、多不怕死,而是晋升机会、优异待遇都在前方。

我们今天很多人不愿去一线部队,不想去前方,也不是说我们就不英勇了,就怕死了,而是因为我们的晋升机会、优异待遇大量存在于后方。到前方谁知道我啊?谁记得我啊?在总部、在首长身边,机关知道我,首长知道我。这就是由机制产生并形成的价值导向、事业导向。我常常想,有美军这个强劲的对手,是我们的万幸。有一句话说得好:"小成功需要朋友,大成功需要敌人。"向那些天天都不睡觉、天天都在磨刀的对手学习,是强固我们自身的捷径。这个学习绝不单单是信息化建设、数字化部队建设,还必须包括对对方那套运行机制的有益借鉴。

美军就是通过这种方式完成从初级到高级军官的晋升的。每年一度的军官晋升开始之前,各衔级待晋升军官的名单和晋升名额、优先晋升的条件、审选委员会召开的具体日期等,都会在军队报刊上公布。近年来随着计算机网络的普及,大量的军官晋升信息都公布在军方正规网站上,有些方面的内容甚至在国际互联网上公开发布,允许国内外人员访问浏览、留言和评论。我们一讲人事就是最神秘的,谁要上去了、谁要下来了最神秘;相反,美军这方面是公开的,通过公开,完成高级军官产生的透明。

同时,在军官的晋升过程中还要进行个人查漏监督、官兵投诉监督和监察机构监督,对各种人事腐败案件全面监督和防范。这方面的工作集中于三项:一是制定严格的法律法规,二是执行规范的操作程序,三是组织统一的集中晋升。这些都是为了防范滥用职权。

人，若没有防范和制约，就要出事，仅凭觉悟，仅凭道德，不行；没有机制卡住，不行。所以美军条令明确写上："任何滥用职权、收受贿赂，都造成对平等晋升机会的干扰。不管是高级将领还是功勋显赫的军中元老，如果经查证存在徇私舞弊问题，绝不偏袒，一律给予严厉的惩罚。"所有这些都是力图保证把真正有价值的人选上来，不能临到战前再大批淘汰。

美军确定审选的人选也是有差别的：上校以下军官，由军种人事部门确定人选；将级军官人选则由军种人事部门推荐、军种部长审定。将官人选的升迁不再通过审选委员会。准将、少将级别经军种人事部门推荐、军种部长审定后，再由国防部长审批上报、美国总统批准。到了中将、上将级别审选，总统也批准不了，改由总统提名，参议院咨询后，决定是否批准。

这就是美军在和平年代对将军的选择。所有的选择都是力图向战争的标准靠近，但是永远无法企及战争对将军的选择。和平年代没有战争，只能尽量模仿战时环境，即便如此，也无法代替战争的选择。战争选择是最高级别的选择。

黑暗时刻，敢于跟随一线微光前进

克劳塞维茨在《战争论》中说：

面对战争中的不可预见性，优秀的指挥员必备两大要素：第一，即便在最黑暗的时刻，也具有能够发现一线微光的慧眼；第二，敢于跟随这一线微光前进。

能够发现微光，是智慧；敢于跟随微光前进，则是勇气。只有战争才能真正完成这样的识别，才能激发出军人在和平时期无论多么周密的审查筛选也难以发现的潜质。

举一个我军指挥员的例子：韩先楚。

韩先楚没有读过《战争论》，也不知道克劳塞维茨这种理论，但他绝对是一个在黑暗中可以发现微光并且敢于跟随这一线微光前进的我军杰出将领。虽然对他的宣扬不是很多，但在1955年我军授衔的上将中，他的作战效能最为突出。许世友也讲过，最佩服韩先楚。1950年海南岛战役，如果没有韩先楚"一意孤行"的决心，现在哪里会有什么海南国际旅游岛开发啊，至于到海南买房子、到三亚晒太阳，想都不要想了。当年海南岛战役发起的时候非常危险，离朝鲜战争爆发时间非常近了，而当时我们不知道1950年6月25日朝鲜战争①要爆发、6月27日美军第七舰队要割断台湾海峡。如果我们在朝鲜战争爆发之前不能拿下海南岛，美军同样还会割断琼州海峡。那么我们今天面对的不仅仅是台湾问题，还要加上海南岛问题了。我们真是从险境边缘走过来，擦着边走过来，这主要是韩先楚这样的战将积极求战的意识和毛泽东、林彪对这一风险作战方案的有力支持，使新中国避免了一场几乎难以避免的灾难。具体过程是这样的：

　　1950年1月10日，毛泽东从正在访问的苏联发回电报，通知海南岛作战前线的将领，作战计划推迟，"争取于春夏两季解决海南岛问题"。原定春节前后解决，但由于1949年10月"三野"攻击金门失利、11月攻击登步岛失利，两次渡海作战失利，损失不小。有鉴于此，毛泽东特别指示"四野"打海南岛要特别注意，渡海登岛作战跟过去国内战争完全不一样，要特别谨慎，等登陆艇到，不要着急，所以作战计划推迟。

---

① 朝鲜战争：又称"朝鲜祖国解放战争"。初为朝鲜半岛南、北方之间的战争，后来因为美国的武装干涉，扩大成为国际间的局部战争。1950年6月25日，战争爆发。27日，美国派兵介入，同时用武力封锁台湾海峡。7月7日，美国借联合国名义，组织"联合国军"支援南朝鲜抵御朝鲜的进攻。8月中旬，朝鲜人民军将南朝鲜军驱至釜山一隅，攻占了南朝鲜90%的土地。9月15日，美军在仁川登陆，开始大规模反攻，战局逆转。10月25日，中国人民志愿军应朝鲜请求赴朝，与朝鲜人民军并肩作战，经过历次战役最终将战线稳定在"三八线"一带。1951年7月10日，中华人民共和国和朝鲜方面与"联合国军"的美国代表开始停战谈判，经过多次谈判后，双方终于在1953年7月27日在板门店签署《朝鲜停战协定》。——编者注

第一章
关于将军的产生

1950年2月1日，叶剑英领导的广东军政委员会开会，传达毛泽东的指示，宣布战役发起时间推迟至6月份。这就向危险极大地靠近了，但是当时我们并不知晓6月25日朝鲜战争要爆发。

2月9日，邓华任司令，担任主攻海南岛的第十五兵团报告军委，"以争取1950年完成任务为原则"。基本意思就是6月份不一定行，年底之前解决就不错。广东军政委员会推迟到6月份作战的设想都很危险，更不用说第十五兵团要推迟到1950年底了，真到那个时候，肯定黄花菜都凉了。

问题是我们谁也不知道朝鲜战争即将爆发。毛主席都不知道，更何况我们这些前线指挥员。毛主席一直到1950年5月金日成访问北京才知道他们要行动。一开始，我们中国人都不知道。

第十五兵团的两个军——四十三军和四十军，对作战时间推迟采取了截然不同的态度。四十三军军长李作鹏回去按照上级要求传达到团以上主官，作战时间推迟；兼四十军军长的韩先楚没有按照上级要求传达，把推迟作战指示压在军里，要求部队依然照原定的3月底前完成作战准备。韩先楚这样做是违反上级党委规定的。规定要将指示传达到团以上主官，韩先楚一个都不传达，就军党委少数人知道，部队不传达。当时第十五兵团致电军委："我们意见，以购买登陆艇为好，争取买100艘，有可能则买200艘，每艘平均20万港元，共4000万港元"；"渡海作战为新问题，困难很多，但还有办法，目前主要是钱的问题"。

但韩先楚则认为不是钱的问题——我们今天难道不也是这样，

动辄就是装备问题、经费问题——韩先楚认为不是钱的问题，不是装备问题。3月20日，韩先楚致电第十五兵团及四野司令部"主力渡海登陆作战估计无大问题"，主动请战。为什么要这样？4月份的季风是顺风顺水，一旦错过，就只有等9月份的季风了，间隔五个月。韩先楚不知道朝鲜战争要爆发，但他感觉错过4月份季风要等五个月，不知道会出什么事，夜长梦多，所以能早一些一定要早一些。当然他也把问题看简单了。毛主席要求推迟，四野司令部的林彪同意推迟，广东军政委员会的叶帅要求推迟，第十五兵团司令邓华要求推迟，四级领导在上面，韩先楚一个军长说要打就打了？所以电报上去不见回音，无人理睬。

3月31日，韩先楚以四十军党委名义致电第十五兵团，"大规模渡海作战条件已经成熟"，照样没人理睬。到4月7日再发电报的时候，四十军政委都不愿与他联署了，韩先楚自己署名，分别致电第十五兵团、"四野"、军委，要求立即发起海南岛战役，"如四十三军未准备好，愿率四十军主力渡海作战"，他一个军就能把它打下来！这种一而再，再而三的建议，最后甚至越级建议，强烈表现出韩先楚求战之心咄咄逼人。当然韩先楚也不是简单的鲁莽，你看他的电报同时致第十五兵团、四野、军委，他知道兵团肯定不同意，军委在没有前方同意时也不好越俎代庖，他主要是发给在武汉的林彪，先说服林彪，再通过林彪说服毛主席。他抓住了指挥的要害。韩先楚当时是在一种什么样的情况下积极求战呢？像我们今天拍电影一样，全军将士欢呼雀跃，决心书请战书一大堆吗？不是。当时四十军也是牢骚怪

第一章
关于将军的产生

话满天飞,很多干部说:"韩副司令,你就干兵团副司令多好,兼什么四十军军长呀,你这一兼,我们都要跟你革命到底——革命到海底去了。"我们可以想见,当时四野从长白山打到海南岛,新中国已经成立了,别的部队都在转业复员,干部到地方当乡长、镇长,回去结婚、生孩子、过日子,这支部队还在打仗,很可能要牺牲在黎明时刻,最后一拨儿倒下的很可能是他们。而且渡海登岛作战没有胜利的例子,金门登岛作战,三个团上去,结果全部牺牲;登步岛作战损失也不小,连登步岛都没拿回来。这些事实对官兵影响不小,感到牺牲的可能性很大,想往后推,等好装备来。部队笼罩着强烈的畏惧渡海作战情绪。这种情绪不要说一般的官兵,四十军参谋长宁贤文的自伤更是明证。他说"特务把我打伤了",但警卫员说:"我保证我的首长不被特务打伤,但他怎么伤的,我也不知道。"宁贤文这位四十军的虎将,在韩先楚当第三纵队司令的时候,是下面三个师长之一,在三个师长中优先提到参谋长。但这员虎将在大海前、在登岛作战前打怵了,拿石头自己把自己砸伤,想躲避战斗,不上前线。尤其是宁贤文看见毛主席的指示电报,认为金门作战失利的很大原因就是师指挥班子没有上去,上去的三个团各自为战,最后统一协调也不是很好。

毛主席要求,海南岛作战要吸取教训,第一拨儿登岛部队军指挥班子必须上去。宁贤文明白,韩先楚军长积极求战,自己又是军参谋长,毛主席要求军指挥班子第一拨儿要上去,那么自己肯定得上去。他害怕了,把自己弄伤,最后被撤了四十军参谋长的职务。大战在即出这样的问题,对部队能没有影响?韩先楚就是在这样的环境氛围下，仍然积极主战，强烈主战。我们从来不否认群众是真正的英雄，但更不能否认关键时刻领导者是中流砥柱。没有这样的中流砥柱，听大家的意见，听班子的意见，听群众的意见，大家都说不打，领导也觉得不能打，都要推迟，后果不堪设想。

我们过去说过，万幸有毛泽东这样的领袖。今天还要加一句：万幸有韩先楚这样的战将。

4月10日，中央军委下达大举强渡作战命令。韩先楚的电报说服了林彪，林彪说服了毛主席，通知四野第十五兵团立即实施。4月16日，海南岛战役开始。四十三军因传达过作战时间推迟，大家都松下来了，已来不及做好准备，船也不够，水手也不够，第一拨儿只能凑一个半团登岛。四十军因韩先楚事先不传达，各级不知道作战计划推迟，都在抓紧准备，结果第一拨儿六个团登岛，韩先楚率先登岛。军指挥班子里他第一个登岛。挑选第一拨儿登岛指挥员和政工人员的时候，韩先楚自己讲也算伤了心。都是过去一起出生入死的战友，那一刻好像有很多干部他都不认识了。他的眼睛扫到哪里，那里的人就把脑袋低下来，回避他的目光。很明显，他们都不想第一拨儿上去。金门作战第一拨儿上去的一个都没回来，这种阴影不可能不影响海南岛作战。没人报名，韩先楚第一个报。4月16日，海南岛战役开始，第一拨儿上船、第一拨儿登岛的军事主官，就是第十五兵团副司令兼四十军军长韩先楚，政治主官是一一八师政治部主任刘振华。登船的时候，我们有的团干部说忘带了东西，有的说下去上个厕所，船出发了，也不见他们回来。越看这种现象，

第一章
关于将军的产生

你越能知道韩先楚坚决求战、率先登岛的精神是多么可贵。后来登岛作战进展神速，很快海南岛全境解放，原来没登岛的全上去了，拍海南岛解放纪念照，密密麻麻站了很多人。四十军一一七师师长邓岳气得要死，说，一照相，这些人就都来了，还好意思站在前面。邓岳不照，不愿跟这些人一起照。韩先楚说："老邓啊，照吧，胜利了，大家都好，照照照。"韩先楚从来不计较这些，胜利了，大家都好，过去的事就过去，不再计较。一句老话说"当局者迷，旁观者清"，韩先楚不屈不挠的果敢，使新中国成功回避了一次险境，实现了当局也不迷。

5月1日，海南岛全境解放。

6月25日，朝鲜战争爆发。

6月27日，第七舰队隔断台湾海峡。

这是多么危险的历史节点，充分展现军人的积极性、主动性、创造性的可贵。对海南岛作战，我们惯常的总结是，军委领导正确，前方部署得当，部队作战英勇。里面的精彩点在哪里？胜败的转折点、枢纽点在哪里？人的作用在哪里？主官的作用在哪里？主官的意志在哪里？还是林彪讲的那句话："战术有千百条，头一条就是肯打。"离开了"肯打"，纵然理论妙笔生花，也全是白扯。离开"肯打"，一切皆空。而韩先楚的最大特点就是肯打，如林彪所说，是有强烈的吞掉敌人的企图心。一名指挥员，一名将军，若是没有强烈的吞掉敌人的企图心，而只有强烈的要求提拔的企图心，绝对不是一名优秀的指挥员和将军。韩先楚作为我军的杰出战将，脱掉军装就是一个农民，这是他的本色。这些农民出身的将领，在中国革命战争的熔炉中熬炼成作战效能非常高、战场感觉非常好的杰出战将。看看他的战绩：

1946年5月，参与指挥鞍海战役[①]，开创东北敌军一个师战场起义先例；

1946年10月，参与指挥新开岭战役[②]，开创东北战场一仗全歼一个师的战例；

1947年3月四保临江[③]，开创一仗全歼敌一个精锐师又一个团的战例；

[①]鞍海战役：指解放战争时期东北民主联军对占领鞍山、海城的国民党军队发动攻势的战役。1946年5月19日东北国民党军夺占四平后，以主力继续向长春、永吉（今属吉林）等地进攻。东北民主联军总部为牵制国民党军兵力，迟滞其向北满的进攻，决心以辽东军区部队攻击鞍山、海城，并相机歼敌一部。此役，辽东军区部队在东北战场上首创了以军事打击与政治攻势相结合歼国民党军一个师的战例。——编者注

[②]新开岭战役：指解放战争时期东北民主联军在安东省宽甸县（今辽宁省宽甸满族自治县）新开岭地区对国民党军进行的围歼战。1946年10月下旬，东北国民党军为实现"南攻北守，先南后北"的战略方针，集中八个师分三路向南满地区的东北民主联军发起全面进攻，至10月26日侵占辉南、金川、桓仁、安东（今丹东）等城。人民解放军东北民主联军为打破国民党的进攻，保卫南满解放区，以南满两个纵队及广大地方武装，采取内线歼敌为主，内外线紧密配合的方针，抗击国民党军的进攻。自10月31日至11月2日，东北民主联军第四纵队在辽宁宽甸县新开岭地区，歼灭中路国民党军第五十二军第二十五师8000余人，其中俘5800余人，首创东北民主联军在一次作战中歼灭国民党一个整师的战例。——编者注

[③]1946年12月至1947年4月，人民解放军东北民主联军的三、四纵队和辽南独立一师、辽宁省军区独立二师、安东独立三师以及南满地区广大人民群众，在陈云、萧劲光、肖华等同志的正确领导下，坚决贯彻执行党中央、东北局制定的"坚持南满、巩固北满"的战略方针，依托临江、长白、抚松、靖宇四县的狭小根据地，在极其艰苦的条件下，经过108天的浴血奋战，先后四次打退了国民党十万军队的大规模进犯，取得了四保临江战役的伟大胜利，彻底粉碎了国民党企图独霸东北的梦想，使我军从战略防御转入战略反攻。——编者注

第一章
关于将军的产生

1947年秋季攻势作战，奇袭威远堡，开创长途奔袭敌主力的战例；

1948年至1949年，参加辽沈、平津、衡宝、两广战役；

1950年4月，推动海南岛战役提前发动并率先登岛；

1951年1月，指挥志愿军三个军突破"三八线"，占领汉城。

手机微信上有个段子，说一个老者到了汉城——今天叫首尔了。有人问他以前来过吗，他回答说，来过。又问："护照上怎么没有记录？"老者答："上次老子是开坦克来的，不用护照。"这是个段子，讲的就是志愿军第三次战役，韩先楚率部占领汉城。1950年12月的第二次战役中，韩先楚指挥带领三十八军勇猛穿插追击，迫使美第八集团军军长沃克中将翻车身亡。沃克是美军著名将领，曾在欧洲战场出任第四装甲军军长，以迅猛强悍出名，获得"猛狗"称号。朝鲜人民军说沃克是他们打死的。美国人回忆是志愿军追得太紧了，撤退时吉普车被挤翻沟里，沃克是翻车摔死的。韩先楚是这样的杰出将领，后来很多人采访他，请他讲作战体会、制胜要点，他文化水平不高，没有任何理论羁绊，所以讲得非常实在，就是一句话："对手不知道我的厉害。"

多么强有力的语言！背后支撑的是多么强有力的个性！我们今天的将军，如果只是说"对手不知道我的温柔""对手不知道我的和谐""对手不知道我的顾全大局"，还算真正意义上的将军吗？当年汉高祖刘邦感叹"大风起兮云飞扬……安得猛士兮守四方"，韩先楚就是这样的猛士。韩先楚从朝鲜战场回来，毛主席要他到福州军区当司令。他不想去。福州军区是"三野"的部队,他不熟悉,没有指挥过。毛主席说,不想去也要去。毛主席就是要把一个解放海南岛的人放在福州当司令,让台湾方面看看,打下海南岛的人,现在到了他们对面。这就是领袖的用人方略。你说威慑仅仅是一些兵器吗?仅仅是东风-31、巨浪-2、东风-21吗?在这里我们看到,指挥员也是威慑,人也是威慑。毛主席把韩先楚放在福州就是威慑,这真是指挥员的最大效能、最高荣耀。

军旅作家朱苏进写过一段十分深刻的话,描述类似韩先楚这些将军:"差不多都是被苦难所逼,被迫扯起战旗,投奔共产党闹革命,他们是别无选择而后成大器。也就是说,他们是为了求生,而不是为了出仕为将才慨然从戎的。这就使他们的戎马生涯带有以命相搏、置之死地而后生的彻底性。在他们身上,浓浓地聚集着东方的、民族的、党性的、血缘的精神内涵。必须深刻地理解他们,研究他们,欣赏他们,然后才可能正确地继承他们。"这句话多好啊,"别无选择而后成大器"。我们今天的选择太多了,此处不留爷,自有留爷处。我们选择太多,退路太多,我们难成大器。他们背水一战,他们一意孤行,他们只有一条道走到黑,他们终成大器。今天我们讲军事教育、军事训练,要研究和关注过去那些人是怎么冲杀出来的,这是我们今后取之不尽的财富,是我们的军事教育取之不尽的财富。

将军之道与国家的意义

尤其是今天，习近平主席说中华民族从来没有像今天这样接近民族复兴的目标。现在全世界国民生产总值超过10万亿美元的国家只有两个：第一是美国，17万亿美元；第二是中国，10.5万亿美元。全世界国防开支超过1000亿美元的国家也只有两个：第一是美国，5900亿美元；另一个是我们，将近1500亿美元。不管我们愿意与否，美国都与我们成为对手了。我们应当欣慰，有这样一个力量以我们为对手。国防大学战略研究所原所长潘振强将军，从南京国际关系学院毕业，1962年入伍，2002年退役，长期在总参二部工作，跟美国人打了四十年交道。他退休之前告诉我们这样一句话："不经过一次严重的较量与对抗，美国永远不会承认中国应有的地位和作用；也可能我们做好了准备，它知难而退。"这句话是十几年前讲的，我至今记得非常清楚。

较量一定要到来。如果我们没有做好准备，它就要知易而进。南海、东海，尤其是南海，不是简单的摩擦，而是中美之间的较量已经开始。面对这个强大的对手，我们一定要弥补自己与它的差距。我们的差距是什么？2013年军委许副主席在国防大学讲："关键是人的差距，关键是领导干部的差距，关键是高级领导干部的差距。不解决这些差距，强军目标实现不了。""在解决这些差距方面，国防大学责无旁贷。我们的军官，能否有大国军官的理念、素质、胸怀？这一代军人必须迈过去。"

关键是将军的差距。这就是为什么要讲"关于将军的产生"。什么叫大国军官的理念、素质、胸怀？仅仅是我抓了多少钱、控制了多少地皮、有多少关系、多少人听我的话、多少人是我提拔的？绝不是这个。所谓大国军官的理念、素质、胸怀，我们前面有很好的榜样。像空十五军军长李良辉，走到哪儿，哪儿掀起战备训练高潮。他在十五军当军长，十五军是这样；到宁夏军区当副司令，宁夏军区也是这样；在新疆军区当司令，新疆军区更是这样。再如南海舰队502编队指挥员陈伟文，1988年"3·14"海战[①]，他积极主动登礁驱敌，坚决回击，力挽被动局面，为今天南海局势的改观打下了关键性基础。如果当年他不打，很难设想今天南沙陆域吹填局面。指挥"3·14"海战的陈伟文是榆林基地参谋长，副军职，一直到退休，还是副军职。历史会记住他。因为历史不是按照军衔，而是按照业绩来记录的。还有第二炮兵原司令李旭阁，对发展洲际弹道导

[①] 1988年3月14日，越南海军505编队入侵我国南沙群岛领海。在越南海军登礁人员和舰船首先向我军登礁人员和军舰开火的情况下，我海军502舰艇编队奋起反击，以一人轻伤的代价，击沉两艘军舰，重创一艘，收复此前被越南非法侵占的永暑、华阳、东门、南薰、渚碧、赤瓜等六岛礁。"3·14"海战的战斗规模虽然很小，却深刻影响了整个南海局势。——编者注

第一章
关于将军的产生

弹做出了重大贡献。

20世纪80年代中后期是军队建设最困难的时期，当时军委领导乃至中央领导都对发展洲际弹道导弹的必要性和紧迫性产生疑问：真有必要搞这个吗？花那么多钱搞，对不对？幸亏有李旭阁这样的司令，幸亏他的多次阐述颇有成效。如果当时停下来，战略导弹发生断代，我们今天就会非常被动。今天回想起来，我们非常感谢这些在十分困难的条件下做出杰出贡献的军人。海军副司令员张永义，航母舰载机飞行员训练总指挥，就像张爱萍将军讲的"将有三忘"——"出家忘妻，出门忘乡，出阵忘身"，全副身心投入舰载机飞行员训练。航母战斗力来自舰载机，最关键的是舰载机飞行员。美国人认为中国人干这件事没有二三十年下不来。张永义带领海军官兵，硬是在退休前两个月于"辽宁"号航母上成功完成舰载机起降，实现中华民族军事史上的重大突破，为我军战斗力建设做出了重大贡献。

以上说的这些军人，都有缺点，都不是完人，但他们有资格在历史上留名。他们是习近平主席讲的有灵魂、有本事、有血性、有品德的革命军人。他们真正做到了这一点。习主席说，有灵魂就是要信念坚定，听党指挥；有本事就是要素质过硬，能打胜仗；有血性就是要英勇顽强，不怕牺牲；有品德就是要情趣高尚，品行端正。习主席的话是对军人的要求，更是对将军的要求。将军必须率先做到这一点。

最后我引用中国古代兵书《六韬》中的一段话：

> 将不仁，则三军不亲；
>
> 将不勇，则三军不锐；
>
> 将不智，则三军大疑；
>
> 将不明，则三军大倾；
>
> 将不精微，则三军失其机；
>
> 将不常戒，则三军失其备；
>
> 将不强力，则三军失其职。
>
> 故将者，人之司命，三军与之俱治，与之俱乱。

我们常讲为将之道。最大的将道，就是将军队伍素质决定全军命运，进而决定国家民族的命运。这就是军人之于国家的意义，将军之道之于国家的意义。

一代代中国军人从眼前掠过。军人以牺牲为人民服务，以忍耐为人民服务，以忠贞为人民服务，以任劳任怨为人民服务，但最终必须以胜利为人民服务。我们这一代军人，插过秧、拔过麦子、割过稻子、修过机场、搞过生产经营，什么都干过。今天是国防与军队发展的黄金时期，我们再也不干这些了，我们可以心无旁骛地一门心思搞训练、谋打赢，最终就是要获胜。未来的较量一定会到来，我们必须做好准备。

中国军人必须秉承这一宗旨：以胜利为中华民族服务。

第二章

危机中的领导者

　　问题是带人走出困境的最好向导，危机是教人进行创造的最好老师。机制再完美，本身不会自动发生作用，起决定作用的依然是人，尤其是危机处理中的领导者。任何机制无论如何严密、完善，最终仍然无法取代危机中人的意志、洞察与决断，正是这个因素真正赋予危机处理机制强大的生命力。真正的生命力是人赋予的、人的意识赋予的，忧患意识、危机意识赋予的。

危机过程中的转折和质变临界点

首先定义一下什么叫危机。冲突本身不能称为危机，冲突是一个漫长的过程，危机是冲突即将发生转折和质变的临界点。什么叫临界点呢？就是所谓的critical point，比如说0℃就是临界点，水在0℃以上是液态，0℃以下是固态，0℃就是水的状态即将发生转变，由液体变为固体的节点，这就是临界点。

危机是冲突过程中即将发生转折和质变的临界点，而不是整个漫长的冲突过程。危机是对事物发展方式和方向具有决定性影响的特殊时刻。冲突难以防范，人类矛盾就是事物存在的方式，冲突也是事物存在的方式。冲突难以防范，但是危机必须控制，要防备它衍生出很多这样的东西来。矛盾冲突即将发生转折和质变的临界点，是对事物发展方式和方向具有决定性影响的时刻。

1999年，中国驻南联盟大使馆被炸就是一个非常典型的临界点的事件。

美国在北京时间1999年5月8日凌晨5时45分，公然袭击我驻南使馆，就是由一架B-2A隐身战略轰炸机承担的，一次投了6颗

908千克重的GBU-31 JDAM制导炸弹，从不同方位击中我驻南使馆建筑物的不同部位并穿入内部和地下爆炸，使我驻南使馆遭到严重破坏，其中一颗埋在地下未爆炸，另一颗下落不明。造成了新华社的邵云环、光明日报的许杏虎、朱颖三人牺牲，国防武官任宝凯受重伤。1999年的炸馆事件导致了什么？导致国家发展战略转型。江泽民提出建设社会主义的综合国力。炸馆以前，我们是把经济搞上去一了百了；炸馆以后，江泽民提经济力、国防力、民族凝聚力三力并举，实际上中国因为炸馆事件，发展模式发生了重大的转变：军队高精武器装备工程启动，江泽民担任组长，后来是胡锦涛担任组长，再后来是习近平主席担任组长，国家发展发生了重大转型。

1999年以前，我们有不少航空企业做菜刀，1999年以后才开展新的一轮腾飞，这是炸馆所带来的转型，不是很多专家学者研究的结果，也不是党的会议决定我们要发展高精装备武器工程，是炸馆后受到了强烈的刺激。

我们开始了新一轮的发展。因为当时那一刻，我们除了北京，除了青年学生用砖头瓦块把对方的大使馆砸得一塌糊涂之外，没有别的太多办法。这是非常深刻的印象，所以重大突发事件在国家发展中会造成整个国家发展的转型，直到今天这一轮转型都没有停止。有人说美国人其实挺傻的，炸使馆干什么，你一炸使馆就把他们炸醒了，你不炸，说不定他们今天还在睡觉呢。我说，这就是重大危机事件所起到的作用，我们中国是这样的，美国何尝不是如此。

我现在还存着当年"9·11"事件之后我们在北京开的学术讨论

第二章
危机中的领导者

会笔录，当时外交系统、社科院系统的很多专家学者发言说，大的格局没有变，国际关系没有变。我觉得这是我们研究问题的一种习惯，不是一旦事情发生就"料事如神"，说什么都没变，而是发生问题后首先要琢磨哪个地方发生了变化。现在把这份笔录拿给当年"9·11"事件学术讨论会发言的学者看，我觉得他们都得脸红。

美国十年反恐开始了，国力严重损耗。美国通过"9·11"事件发现了一股全新的力量，过去的敌人需要庞大的军队和巨大的工业能力才能威胁美国，现在由个人组成的隐蔽网络只需不到一辆坦克的价钱和代价，就可以给美国国土造成巨大的混乱和恐慌。一股全新的力量出现了，这股力量不是传统的力量。

伦敦国际战略研究所，每年出版 *The Military Balance*，我们翻译成《国际军事力量对比》，每一个主权国家的国防开支、军费投入、三军构成、武器装备全在里面，极其详尽。其中包括我们中国的战斗机的驾驶技术、强击机的驾驶技术、轰炸机的驾驶技术，以及地面部队情况。举一个例子，比如北京军区100毫米以上口径的火炮数量，装甲车、步兵战斗车、坦克的数量，里面介绍得非常清楚。不知道这些情报是从哪儿搞来的，年年更新，我们曾经翻译到中国。学校通知说中国不要翻译，说翻译了有泄密之嫌。我说，这是伦敦出的，我们都不能翻，翻出来都有泄密之嫌，人家对我们的情况掌握得有多清楚呀！这本《国际军事力量对比》价格很高，20世纪90年代，大约在1997年、1998年，一本书大约八百多美元，将近一千美元。它贵在哪里？就是能告诉你全世界所有主权国家军力情况都在里面，不管是你的敌人的还是你的朋友的，都在里面。你拿了这本书，就会将你的敌人、你的朋友的军力情况掌握得非常清楚，所以它价格很高。

"9·11"事件把这个"对比"打破了，拉登在哪里？里面无法记载。拉登有主权国家吗？恐怖分子有吗？恐怖分子的国防投入在哪里？三军合成是什么？100毫米口径的火炮有多少？飞行器有多少？里面什么也没有，给国际社会造成了重大冲击。尤其是制造"9·11"事件的这些恐怖分子，美国联邦调查局、中央情报局联合调查后感到非常吃惊，那全是一伙阿拉伯富商、律师、政要、警察这样人物的子女。他们长期在西方学习，最后采取了最极端的反西方的做法。"9·11"事件中驾驶第一架飞机撞世贸大楼北塔的阿塔，是个持阿联酋护照的埃及人、德国汉堡科技大学的学生，他是整个行动小组的头目。

他这个头目不像别人布置好工作，你们去干，他就撤了。他第一个驾机撞上世贸大楼的北塔，然后阿尔歇伊驾驶第二架飞机撞上世贸大楼的南塔。南塔却又早于北塔半个小时倒塌。

虽然说世贸大楼有两栋大楼，从地面上看很高大，从空中看却不容易找着，当时阿塔驾机低空盘旋，美国地面以为这架飞机被劫持了，它要盘旋申请在肯尼迪机场着陆。其实它没有，它在那儿转，在找世贸大楼。

阿塔找着了世贸大楼北塔，驾机撞上去的时候，飞机速度不够大，大约是以每小时788千米的速度撞上去的，撞击不够猛烈，当

第二章
危机中的领导者

时北塔浓烟滚滚,给阿尔歇伊撞击提供了非常好的标记。浓烟处就是世贸大楼,第二架飞机波音767撞得非常猛,大约是以每小时949千米的速度撞上去的,所以南塔比北塔早塌了半个小时。

这些人长期在西方学习,采取了最极端的反西方的方式,是美国全新的对手。

他们在美国学习,然后驾驶美国飞机撞击美国的大楼,选的是波音767、757,从东部起飞,往西部飞。美国东部、西部空中飞行四个小时,跨度很大。飞机上装满了燃油,刚刚起飞半个小时到四十分钟,恐怖分子就完成了劫持。飞机携带的燃油量很大,所以飞机本身就是一个很大的爆炸物。

他们算计得非常清楚,而且阿塔和阿尔歇伊都在佛罗里达的驾驶学校学习过飞行驾驶。出了事以后,阿尔歇伊的一些同学回忆道,他当时在班上学习驾驶学着陆的时候满不在乎。教官提醒他着陆时要特别地注意,因为飞行员都是这样,地勤人员都能把飞机飞起来,但着陆动作非常复杂,时间非常短,学着陆得全神贯注。别人问他是怎么回事,说要好好学。他说他不学这个,把别人吓了一大跳,他就没想过着陆。

恐怖势力是全新的力量,这股力量以前从来没有出现过,当时对国际政治冲击非常大,这股力量不是中外专家在大学、在社科院经过研究发现的,所有的学术成果得不出这样的结论。

恩格斯说:"理论永远是灰色的,而实践之树常青,理论永远在印证实践,当然理论起初引导实践。"美国在"9·11"事件之后发生重大的改变，十年反恐，国力受到重大的损耗，就因为这些国际恐怖分子。直接军事费用一万亿美元，间接军事费用三万亿美元，是多么巨大的投入。

"9·11"事件结束八年后的2009年，英国《卫报》评论道："美国以最铺张、最不计后果也最具毁灭性的方式展现其实力，随后它马上就开始衰落。"同时美国国土安全部，包括政界的很多人，都在讨论，是不是输掉了十年，这忙活了十年都在干什么。全球变得一片糟，伊拉克被打得稀烂，阿富汗被打得稀烂，今天还在烂着呢，美国资源重大损耗。

中国在异军突起，当时美国顾不上中国了，所以现在要转移目标到亚太，要完成对这十年的弥补。中国人在闷头发展，美国人在闷头反恐作战，国力在损耗。美国人想到这一点了没有？想到"9·11"事件给美国带来重大灾难了没有？没有。连美国整个国家发展的重大转型也不可能想到。这是我所要说的国际事件、危机事件在国际政治中所扮演的角色，就是这样突如其来、猝不及防的不速之客登堂入室，要扮演主角。炸馆事件对中国的发展方向产生了影响，"9·11"事件对美国的发展方向产生了影响。

茉莉花革命[1]所引发的蝴蝶效应

突尼斯骚乱对中东发展方向的影响在于最后衍生了所谓的茉莉花革命。

2010年12月，突尼斯一个26岁的青年布瓦吉吉自焚。他大学毕业找不着工作，就在街头摆小摊为生，结果小摊就被相当于我们国家的城管工作人员没收了，然后他就自焚。按理说，突尼斯总统到医院看望他，算是做到极致了。不论从哪个角度来说，突尼斯总统确实到医院看望过布瓦吉吉，做出指示全力抢救他。三天后，他还是死了。如果布瓦吉吉不死，可能中东的政治是另一种发展方向，但是这个布瓦吉吉没有被抢救过来，他死了以后，中东大乱。

---

[1] 茉莉花革命：指2010年末至2011年初，北非突尼斯反政府示威导致政权倒台的事件，因茉莉花是其国花而得名。2010年12月17日，一名26岁青年穆罕默德·布瓦吉吉自焚，触发境内大规模街头示威游行及争取民主活动。事件导致时任总统本·阿里政权倒台，成为阿拉伯国家中第一场因人民起义导致推翻现政权的革命。——编者注

突尼斯经济发展得很不错，达沃斯论坛①2009—2010年公布全球经济竞争力排行榜，突尼斯在世界133个国家中排名第40位，连续多年居于非洲大陆首位，如果说突尼斯经济搞得不好，民不聊生，人民起来造反，这还可预见。但事实上并不是这样，它的经济很不错。

所以突尼斯发生问题之后，谁重视了？阿布·盖特在阿盟会议前期说："突尼斯事件剧变，会在阿拉伯世界扩散，真是一派胡言，瞎扯，扩散不了。"不但突尼斯是这样，埃及是这样，连被公认为茉莉花革命的幕后黑手美国人也没想到突尼斯事件有这么大的作用，美国拥有全球最多的中东问题专家，也对北非中东变局猝不及防。

美国的《外交政策》周刊于2011年1月份发表了一篇题为《为什么突尼斯革命不会扩散》的文章，说突尼斯总统本·阿里没有挺过挑战，其他阿拉伯国家的领导人会更加谨慎，避免重蹈覆辙。意思是，没事，这就是一个局部的小问题，不会发生大问题。

谁能想到突尼斯事件衍生所谓的茉莉花革命、阿拉伯世界的革命，把穆巴拉克送到监狱里去？卡扎菲惨死街头，叙利亚陷入极度的混乱，到今天都没解决。我们要说，如果当时布瓦吉吉没

---

① 即世界经济论坛（World Economic Forum），是一个致力于改善世界状况的非官方国际机构，以研究和探讨世界经济领域存在的问题、促进国际经济合作与交流为宗旨。总部设在瑞士日内瓦。其前身是1971年由现任论坛主席、日内瓦大学教授克劳斯·施瓦布创建的"欧洲管理论坛"。1987年，"欧洲管理论坛"更名为"世界经济论坛"，由于在瑞士小镇达沃斯首次举办，所以也被称为"达沃斯论坛"。——编者注

第二章
危机中的领导者

有死呢？当然，将来矛盾还会发生，谁都不知道会以一种什么样的形式发生。

当突尼斯这个小贩布瓦吉吉经三天抢救没有抢救过来的时候，穆巴拉克想到他由此要被关进监狱吗？卡扎菲神气活现的，想到最后会以最惨的方式死亡吗？他们都想不到。这种突发事件的爆发，不以人的意志为转移，就像潘多拉盒子，这个盒子一旦被打开，想关都关不住。

你看，当年这个潘多拉盒子被打开之后，美国总统的竞选人，就是那个跟奥巴马竞选总统没有成功的共和党员麦凯恩，在欧盟会议上与我们当时外交部的党组书记张志军谈话，麦凯恩非常神气地把手机掏出来说："你们中国人，看这个——中东的茉莉花革命，你们能阻止吗？这要是发生在中国，你们也阻止不了。"麦凯恩神气得要命，麦凯恩现在有这么神气吗？中东的茉莉花革命导致了什么？杀死卡扎菲之后又怎么样了？先杀卡扎菲，再杀美国大使。

我们中国也出了一些问题，包括日本"购岛"事件发生之后，我们全国发生了反日游行，110多个城市发生了游行，规模很大，在北京把美国大使的车给包围了。当然，可能有的人认识不清楚，把美国大使的车包围了，然后大使出来解释，这是美国使馆的车。

日本人据此立刻就炒作，大肆宣扬中国人怎么把美国大使人车包围了，之后如何如何。美国非常低调，因为当时美国驻利比亚大使被杀的时间不长，美国人并不想节外生枝，便出面解释："他们搞错了，他们以为我们是日本使馆的呢，我们是美国使馆的。"

美国没有把这件事作为一个严重的外交事件，美国人当时很清楚，一定不能把美国形象弄成全世界都与美国过不去，以美国为敌。在中东，茉莉花革命并没有按照美国预料的那种走向发展，当然最初的茉莉花革命在突尼斯以和平的方式逼走了本·阿里，包括在此之前，有所谓的格鲁吉亚的天鹅绒革命①，有所谓的乌克兰的橙色革命②，再有中东的茉莉花革命，都是以和平的方式夺取政权。但这些都不是最后的结果。

我们来看茉莉花革命最后衍生的是什么：中东的乱局在以最血腥的方式进行，埃及的混乱到今天都没有停止，利比亚更不用说，叙利亚正打得焦头烂额。从这一系列的现象中，我们看这次危机对当今世界的国际政治和国家关系牵引有多大。包括我们自己在内，你说，重庆事件，谁想到了？没有人想到重庆事件会出这么大的问题。黄岩岛事件、钓鱼岛事件都是这样的危机。一次又一次猝不及防，对我们的内政外交都造成了重大冲击。

---

① 天鹅绒革命：狭义上是指捷克斯洛伐克于1989年11月（东欧剧变时期）发生的民主化革命；从广义上讲，是指没有经过大规模的暴力冲突就实现了政权更迭，如天鹅绒般平和柔滑。21世纪初期一系列发生在中欧、东欧独联体国家亲美化的颜色革命，基本上都属于广义的"天鹅绒革命"。——编者注

② 橙色革命：又译栗子花革命，是指2004年至2005年围绕2004年乌克兰总统大选过程中由于严重贪污、影响选民和直接进行选举舞弊所导致的在乌克兰全国范围内发生的一系列抗议和政治事件。——编者注

危机产生严重的挑战，也带来重大的机遇

2013年底，我们国内学者、专家在一起开会，很多地方的学者提出来2013年叫大开大合，很多地方学者认为2013年中央动作太猛了，如对钓鱼岛的强硬态度、对南海的强硬态度，所以叫大开大合。2014年能不能守住中盘，还那么猛，行不行？2014年乌克兰危机、克里米亚危机，从某种角度上说帮了我们很大的忙。当然，我们要谨慎一些，这场乌克兰危机、克里米亚危机，各方从各方都领悟出了不同的东西。当美国坚决反对克里米亚公投的时候，就产生了连锁反应，其他国家的人就问：你美国当年怎么同意科索沃公投，科索沃公投就行，克里米亚公投就不行？

在我国台湾，某些"台独"分子一看美国、欧盟坚决反对克里米亚公投，就感叹他们自己真的没戏了。如果他们现在出来公投，看看克里米亚就知道会是什么结果了，根本不会被承认。欧盟是这样的，美国也是这样的，他们将来有戏吗？没戏。所以今天面对克里米亚危机，我们非常赞赏普京的做法，但是是否同意克里米亚公投，我们也要非常注意：一个地区公决独立，那么我们自己的台湾

问题、香港问题、"疆独"问题、"藏独"问题怎么办？地区公投决定地区独立行吗？这是我们自身的矛盾性，需要非常注意。总体来看，乌克兰危机、克里米亚危机给我们提供了非常大的机会，我们调整了，美国的精力被牵扯了。

当时奥巴马有一个重大的误判，开始他还很得意，原定2014年4月份访问东亚，不访问中国，作为对中国划设东海防空识别区[①]的不满的表示，只访问日本、韩国，绕着中国走了。后来他追悔莫及，给习近平主席打电话，可是打电话有什么用？他打电话说了半天，首先对昆明的暴恐事件表示谴责，对马来西亚的坠机事件表示慰问，然后第三个突出本意，阐述美国在乌克兰问题上的立场，想取得中国的理解。

时间、机会都错过了，你现在要求与中国协调在乌克兰问题上的立场，已经晚了。因为如果中国不加入他们的行列，美国孤立俄罗斯就永远不起作用。我们从地图上看看，只要是中国跟美国采取不一样的态度，孤立俄罗斯就根本不可能实现，就像美国想要孤立中国，如果俄罗斯不同意，那么他们也没可能实现一样。这中间有非常大的空间，你看，危机带来了重大的机遇。危机产生严重的挑战，也带来重大的机遇，对各方都是如此，而且往往猝不及防。

[①] 中华人民共和国东海防空识别区具体范围为以下六点连线与中国领海线之间空域范围：北纬33度11分、东经121度47分，北纬33度11分、东经125度00分，北纬31度00分、东经128度20分，北纬25度38分、东经125度00分，北纬24度45分、东经123度00分，北纬26度44分、东经120度58分。——编者注

第二章
危机中的领导者

我们经常说，不打无准备之仗，经常做到有备无患，但是真正的危机处理能力是针对危机的被动反应能力，这是最根本的能力。主动反应，事事诸葛亮，有锦囊妙计，随时打开一看，如此这般，我就对付了，那都是三国演义，实际上做不到。实际上最常用的危机处理能力就是领导者的被动反应能力，不是主动，是被动的。猝不及防，你能有效应对，这是你最大的本事，而不是早就料事如神，早就在这儿等着事件发生。

从危机的形成来看，走向危机的过程往往是表面上无关的因素结合起来，聚集成为具有破坏性的力量，还有跟这个危机根本不相关的力量聚集在一起，形成更大的破坏效应。今天，一个社会事件，甚至是一个很小的社会事件，如果处理不及时，被动反应能力不强，突然它转变成政治事件，各种无关的力量结合起来，危机就来了。

危机有极大的破坏性，也能带来重大的机遇。社会发展到一定阶段需要进行方向性选择时，危机往往会提供这样的选择。它给你提供一个对发展方向选择的机遇，你被动反应，就是做出选择，就是走到了十字路口，向左、向右、向前、向后结局完全不一样。

恩格斯说过，必然的东西通过无穷无尽的偶然事件向前发展。我们是唯物主义者，唯物主义者讲历史的显微镜和放大镜，我们以为穷尽了一切，不过千万不要这样以为。真正的发展不是按部就班的，不是有条不紊、按照规划进行的，往往是什么样呢？无穷无尽的偶然事件推动历史的必然，你怎么处置好这些偶然事件，决定你未来的发展。

领导者就是运用权力承担责任和决策

甘地被刺杀身亡之后,当时的印度总理尼赫鲁讲,从此世界将一片黑暗。

甘地这个人的道德感召力非常大,他没有实际职务,但是在印度相当于一个神。当然他也提出了很多的东西,很有哲学思维,他列出过七种可以摧毁人类的东西:

第一,不劳而获;

第二,昧心享乐;

第三,没有人格的知识;

第四,没有道德的商业;

第五,没有人性的科学;

第六,没有牺牲的宗教;

第七,没有原则的政治。

甘地说这七种东西可以摧毁我们,非常值得我们思索。当今天学校教育以分数为第一、只强调知识的时候,你看人格的问题;当商业只追求利润的时候,你看道德的问题;当科学只探索未知的时

第二章
危机中的领导者

候,你看人性的问题;当宗教只宣称麻醉的时候,你看宗教人士牺牲的问题。甘地讲了七种东西可以摧毁我们,我觉得从今天看,还要再补充一点,没有长远的目标、只有权宜之计的危机处理方式也要摧毁我们。就为了眼前,只要能渡过眼前的难关,怎么着都行,不惜一切,根本不管你的处理方式对今后会产生什么样的重大影响,这种无原则的妥协、后退,会在日后付出重大的代价。所以我们今天讲到危机处理问题的时候,把甘地的七点再加上一点:没有长远目标、只有权宜之计的危机处理方式也要摧毁我们。

再说说危机处理中的领导者。什么叫领导?在一定的社会组织和群体内,自上而下率领、领导、组织、指挥、协调、控制下属活动的人,叫领导。"领导"是一个外来词,中国以前没有这个词,这个词来自两个单词:

一个是Leader,就是走在队伍的最前面,带领者,领路人;

一个是Guide direction,指引方向,可能没有走在前面,但是告诉大家前进的方向。

"领导"有两个意思:领,走在最前面;导,告诉下属方向。这是翻译得最贴切的。但是我们今天有一种倾向,就是把领导者庸俗化的倾向,说领导就是服务。当然邓小平讲过领导就是服务,但是邓小平讲的服务绝不是我们今天讲的被庸俗化的服务。我们讲领导就是服务,是什么服务?搞好衣食住行、吃喝拉撒,做好后勤,安排好家属,照顾好子女,搞好职级竞争顺序、福利待遇,这就是好的领导作为。

以上是领导者都应该做的工作，但不是领导者的主要工作。领导者的主要工作是要带领大家前进，要给大家带来希望，要告诉大家前进的方向在哪里。我们国务院的一位领导在美国哈佛大学演说，演说结束，哈佛的中国学生把他团团围住，问这位领导："我们年轻人都是大树上的一片绿叶，请问领导同志，您是大树上的什么呢？"我们这位领导说："我和你们一样，我也是大树上的一片绿叶。"我觉得，这种说法从与群众打成一片的角度来看是可以的，但是从领导科学角度来讲是不行的。树叶是随风摇曳的，领导者应该是树干，树干是岿然不动的。群众是绿叶，你也是绿叶；群众哭，你也哭；群众笑，你也笑；群众向左，你也跟着向左；群众向右，你也向右；群众说"后退吧"，你也后退：这不是领导者，这是跟随者，不是带领者。

领导者不是跟随者，而是带领者，是基准，是核心。这就是Leader，这就是"领导者"的意思。被列为"西方战略学鼻祖"的克劳塞维茨认为真正的领导者须具备两大要件。第一是在最黑暗的时刻发现微光的能力。大家说，一片黑暗，黑极了，你也看见一片黑暗，但你更能发现那一线光明。第二是敢于跟随这线微光前进的勇气。前者来自你的智慧，大家觉得一片黑暗，你能发现光明，这来自你的智慧；后者来自你的勇气、你的意志。有没有智慧、有没有意志，对领导者来说是起决定性作用的。

领导，第一，提供思想；第二，提供意志。有的领导提供思想，有的领导提供意志。最好的领导既提供思想，也提供意志。列宁、

第二章
危机中的领导者

毛泽东都是这样的领导,既提供思想,又提供意志。最糟糕的领导既不提供思想,也不提供意志。这就是差别,不是你服务做得好不好的问题,而是你能给你的下属提供什么。

领导者与被领导者的差别是什么?第一,领导者的权力;第二,领导者的责任。很多人只看见权力,没看见责任,领导者权力大,责任也大。领导者的活动就是运用权力承担责任的决策活动。当然,这个决策分为平时决策与危机决策。美国人有句话说,当今世界人人趋向于做领导者,都想自己说了算,别人说了不算,回到家里,夫妻两个人,屋子怎么装修、购买什么家具,都得我说了算,不能他说了算,双方争领导权。我觉得美国人讲的这句话概括的只是平时决策,对平时决策,大家趋之若鹜,因为平时决策显示的是权力。对危机决策人人避之不及,危机决策体现的是责任。平时决策谁说的算、谁签字有效、谁是领导者,都是显示权力。做危机决策时,谁决定谁负责,君子一言,驷马难追。为什么做危机决策时本来应该做决策的领导者往往都规避做决策,甚至人人避之不及,连本来应该做决策的领导者都躲起来?因为这时候需要的是真正具有领导才能和责任心的领导者。这和大家趋之若鹜的领导权力完全不一样。

二八定律：局部对整体的颠覆

希腊的悲剧大师索福克勒斯[①]说："世间最难以揣测的事物，莫过于人的思想和心灵。要想看清楚一个人，最好的方法是将权杖塞到他的手里，看他如何行权号令，人的本质在权力中进行。"这句话说得很深刻，有时和人相处一辈子也不了解他。你把权杖塞给他，看他如何行权号令，然后他的本质就会在权力中尽显。弄了半天，他最后是一个贪腐分子，在权力中尽显了；弄了半天，在权力中，他经过了考验，真是不错，把权力交给他，他不改本色。这就是人的本质在权力中尽显的示例。

索福克勒斯是文学家、希腊写悲剧的大师，但是他这句话对我们今天的政治也很有用。

[①] 索福克勒斯（约前496—前406），古希腊三大悲剧家之一。其剧作取材于神话和传说，多描写理想化的英雄人物与命运的冲突，以及他们不能挣脱命运的摆布而毁灭的历程。他既相信神和命运的无上威力，又要求人们具有独立自主的精神，并对自己的行为负责，这是雅典民主政治繁荣时期思想意识的特征。和埃斯库罗斯不同，索福克勒斯认为命运不再是具体的神，而是一种抽象的概念。——编者注

第二章
危机中的领导者

人就是这样的，平常包装得很严实，在危机中就露出本色了。危机时最容易看出一个人的本色，这种本色，我觉得对我们来说，就是一个非常明显的展现，就是在权力中展现人的本性。

尤其对领导者来说，在危机时刻，你要注意，你平常被部署所掩盖的东西都会暴露。你有多大的能力、多大的决心、多坚强的意志和你的智慧、水平，全部会展现出来，危机就是这样一种时刻，就是我们说的帕累托时刻，是意大利的经济学家帕累托提出的帕累托定律。

帕累托在1897年提出了帕累托定律，对我们今天颇有启发。帕累托定律也叫二八定律。我们讲多数重要，帕累托反其道而行之，他讲少数，他讲，重要的是少数。他讲80%对20%，他说20%是重要的，而80%是不重要的。我们讲团结85%以上，甚至90%、95%以上的人，帕累托讲真正重要的是那20%。他的理论从哪儿来？从大量的经济学统计上来。从大量的经济学统计上来看，80%的产出来自20%的投入。

例如，80%的存款来自20%的客户，80%的堵塞发生在20%的路口，80%的工作有20%的人在承担，80%的医疗资源消耗于20%的疾病，80%的销售额来自20%的客户，所以他的结论是80%的结果归于20%的起因，这20%是重要的，这20%决定了这80%。所以他强调，多数往往只能造成少许影响，少数则往往造成主要的、重大的影响。

再看我们今天的网络，多数往往只能造成少许影响，因为多数永远是沉默的，少数则往往造成主要的、重大的影响。多数人上网主要是浏览，发表评论的是少数，发表极端评论的更是少数，但造成的影响最大。这就是今天我们说的80%对20%的定律——帕累托定律。我们认知事物的方法有多种，帕累托定律提供的就是其中的一种方法。

帕累托强调局部对整体的拯救，或者反过来说是局部对整体的颠覆。拯救你的往往是你的局部，颠覆你的也是你的局部，不是说大多数的时候表现好了，你就永远好下去，关键时候几步没有迈好，满盘皆输，关键时候弄好了，整体都行。

举一个非常典型的例子，孟学农因2003年防治"SARS"、2008年山西临汾特大矿难，两度去职。国务院有同志说，山西的尾矿事件中，明显的是孟学农被底下给骗了。底下的人骗他，说是下雨了，但实际上只是毛毛雨，骗他说下暴雨，然后隐瞒死亡数字，县地两级把省里给蒙了，然后省里上报国务院，就拿县地两级的情况上报。一查实，瞒报重大情况，省长被免职了。这就是局部对整体的颠覆，一个颇有工作能力的人就这样被颠覆了。

局部对整体的拯救，在我们军队也是这样的。我2005年在长沙国防科技大学学习，我的同班同学是海军前任参谋长杜景臣。

我们2005年在国防科大是同班同学，他年龄偏大，属于军职干部。当时，他是海军参谋长助理，南海舰队的参谋长调为正军级了，基本上到60岁就退休了。2008年亚丁湾巡航，我们强烈呼吁要去，后来军委同意了，中央同意了。为亚丁湾巡航选指挥员，南海舰队

第二章
危机中的领导者

派军舰去，他是南海舰队参谋长，他去了。第一次巡航回来，其实他是准备在南海舰队参谋长这个职位上退休的，但提海军参谋长让这件事发生了转变。海军当时要提他当海军装备部部长，报到军委。军委领导说，亚丁湾巡航的指挥员很不错，为什么不报他呢？然后海军党委重新调整，报他任海军参谋长，就因为亚丁湾巡航。没有亚丁湾巡航，他早就退休了。

有这个先例，现在很多海军干部积极报名要求参加亚丁湾巡航，这就是倾向。今天实践非常重要，关键性的重大活动是否参与过、关键时刻的关键作为，成为你晋升的重要资本，这就是局部对整体的拯救。这并不是说杜景臣平常兢兢业业不好，长期的积累被领导重视，很不错，把关键一锤子砸好了就行，关键一锤子没有砸中，就是局部对整体的颠覆。对于领导来说，有些时候你可以松懈，你可以打瞌睡，可以睡觉，有些时候必须全力以赴。

林彪说过："抓住关系战略全局的关键性环节，首先要认识什么是关键性环节、什么不是关键性环节。不是关键性环节，可以懈怠一下，可以偷偷懒，可以打个哈欠，到关键的环节必须全力以赴。"真正的大人物都是善于抓关键性环节的，邓小平就是这样，他抓关键环节抓得非常明显。当年军报要拍一幅邓小平日理万机的照片，当时跟邓小平办公室主任都商量好了，新华社、军报联合做了一个大致的构图，就是在台灯之下伏案工作，案头文案堆积如山，邓小平戴着老花镜正批着公文。这是一个很理想很传统的日理万机的形象。邓小平在办公室看了方案，说了一句话："我从不办公。"

不要以为办公室秘书准备的文案就把自己框住了。邓小平抓大事，公文一天到头批不完。新华社、军报的记者后来只好拍了邓小平躺在沙发上在台灯下看报纸的照片，前面有一个脚凳，把脚伸开了，拿着老花镜看报纸，这就算日理万机了。我们以为领导者操碎了心，就是鞠躬尽瘁、死而后已，整天加班，可是你抓住重点了没有？抓住关键性环节了没有？你说孟学农不辛苦吗？他也伏案工作，很辛苦，但是在关键性环节出问题了。要注意帕累托定律，要注意少数，决定你的一生链条的不是多数，而是少数。

帕累托定律告诉我们，抓住事物的本质，辨别主要矛盾，从琐碎的事情中摆脱出来，否则可能会被琐事淹没重点。时间有限，精力有限，用最大精力去关注最重要的事，才是领导者成功的关键。而危机就是关键性环节，对平常的工作疲于应付，在危机到来时手足无措，满盘皆输。

危机就是关键性时刻，领导科学最难办的就是做危机决策这部分，这是对领导者来说影响最大的部分。这是我们所说的领导者成功的关键。

危机时刻最需要的是权威

领导者的信誉是危机期间尤为重要的资源，这种信誉不是来自任命，任命是理论上的权威，而是来自平时的积攒，你平时的积攒在危机中会形成尤为重要的资源。

周恩来总理的信誉，就来源于他平时的积攒，在危机处理中形成了一种资源。

1963年5月1日，"跃进"号沉没。"跃进"号是我们新中国的第一艘国产万吨巨轮，1963年5月1日由青岛港驶向日本，向日本运送玉米、大豆、花生等各种各样的农产品。5月1日上午，《人民日报》的头版报道了从青岛港出发的新中国第一艘国产万吨巨轮"跃进"号驶向日本。下午两点十分，"跃进"号触礁。四点十五分，"跃进"号沉没。这一事件造成了非常大的打击，上午《人民日报》刚刚登完新闻，下午"跃进"号就沉了。当时这是一个非常大的事件，"跃进"号就沉在今天的苏岩礁附近，它触的就是苏岩礁。

根据当时媒体的报道，被救起来的中方船员讲到，突然遭到了鱼雷攻击。日本报道系三枚鱼雷命中船腹。因为我们当时被美国包围东部,在我们"跃进"号沉没地点附近,有韩国的军事基地济州岛,还有釜山美国海军基地、佐世保美国海军基地。

在这种情况下,新中国标志性的第一艘万吨巨轮沉了,是多么重大的失败呀。所以当时中央高度重视,周恩来总理责成处理。你看周总理的态度,他当时讲了:鱼雷如果发自潜艇,必为美军所为(因为韩国、台湾方面都没有潜艇);如果鱼雷发自快艇,可能是美、蒋合谋。当时事态非常严重,因此成立了专家组,总参作战部的雷英夫、交通部的孙大光、海军的张学思,还有国务院的张志远、孟平,相当于我们第一个危机处理小组成员,我们第一个危机处理小组处理得非常好。

周总理代表中央的态度,认为鱼雷若发自潜艇必为美军所为,发自快艇则可能是美、蒋合谋。调查小组经过调查,提出了完全不同的结论:极有可能是触礁。当时东海舰队都做好了准备,周总理拿到他们这个结论以后,迅速调整部署。他到了上海,当时东海舰队在上海,准备调查处理,看看能不能打捞,同时也做好了战斗准备。周总理来做动员,拿出调查小组的结论说有可能是触礁,东海舰队的领导大吃一惊。周总理说,这个不是结论,而是一种可能,有可能被鱼雷命中,有可能触礁,让他们去调查,一切以事实为准。这是领导者态度的即时转变,更是敢于对事件进行决策的权威。

你看看领导者在态度上的迅速调整,如果说领导者定好了就是鱼雷攻击,说"你们去吧,好好把这事儿查实",那结论就会完全不一样。最后经过调查,原因确实是触礁,触的是苏岩礁。我们潜水

第二章
危机中的领导者

员从苏岩礁下去,发现礁石被撞碎,海水底下六七米的礁盘有我们"跃进"号船艄油漆擦过的印迹,"跃进"号因触礁沉没。

本来可能导致一场重大国际危机的事件,热度已经快要达到沸点,却被迅速地冷却处理,依据实事求是的原则处理。这就是作为领导者面对重大危机时的迅即调整,面对原来已经基本定性的事件,根据实际情况迅速做出调整,实事求是,果断应变,处理危机。

这是一场非常好的危机处理,我们说危机中最需要权威,危机中又最缺乏领导权威,危机中一旦缺乏权威,就会带来各种各样的倾向。权威就是关键时刻的关键行为,危机中大家会看你做了什么,而不是看你是谁。如果在"跃进"号事件上,周总理没有根据调查得来的可能的事实做出及时的调整,大家以中央的结论为准,认为它很可能是被鱼雷攻击,然后再找出一些迎合中央结论的这种倾向的证据,最终会导致什么结果呢?

我们一方面强调危机中需要权威,另一方面最需要什么又最缺乏什么。

缺乏权威的原因在于:第一,情况不明;第二,风险巨大。所以领导人迟迟不下决心,想把情况搞清楚了再下决心,但是危机中要把情况搞清楚那一刻永远不会到来。危机中一个很大的特点是对情况了解得越多越犹豫,掌握得越多越难下决心。危机中,大量的信息,甚至是大量相互矛盾的信息涌来,就像马航事件,非常典型,没有结论。你看,现在情况越多,人越糊涂,越搞不清楚是怎么回事。在这种情况下,危机产生的心理冲击远远大于危机本身所具有的客观能量,危机没有那么悬乎,它会对领导者个人、对社会造成巨大的心理冲击,造成犹豫不决,而且情况越多,了解越多,越难下决心。

这时候你要依托专家,但是你发现专家在这时候也不太管用,即便是专家,在分析重大问题的时候也只能解释其中一小部分变量和因果关系。专家是一个领域的专家,他不是百事通,到了关键时刻,专家只能在他自己的领域很清楚,但一个危机事件往往涉及多个领域的综合情况,依托专家很难看到全面。所以西方有这样一句话,叫作"more expert, less accurate",越是专业,越不精准。而这个时候,危机中权威的缺失往往成为危机处理失败的开始,当你犹豫不决的时候,当你不知道该怎么办的时候,你要知道失败的种子已经在生根、发芽、开花、结果,一步一步地长大,导致你失败。

危机决策是领导决策的关键所在

危机决策是领导决策的关键所在。领导者的一百个决策中可能有四五个属于危机决策，但其他决策别人早就忘个精光了，危机决策、重要阶段，都被历史记载了。美国空军率先提出OODA循环，现在被美国军方采用，要求美国各级战略战役的指挥官要实施OODA循环，它就是一个快速反应、决策的链条。

OODA是什么意思呢？从观察者到他的判断，接着到他的决定，再到他的行动，就是完成这样的循环，是一个正常的决策观察、判断、下决心、行动的程序，行动以后，对对方产生了效果。对方要采取反行动，这个时候你再观察对方、再判断、再决定、再行动，又产生反效果，你再观察、再判断、再决定、再行动，这就是往复不停歇的OODA循环。

美国人讲这个循环的一个前提是什么呢？就是美军未来军事规划提出要比对手进行更快的OODA循环，先于对手观察，利用大量的侦察卫星、飞机、传感器，先于对手判断，先于对手决定，先于对手行动，一定要做到先于对手。第一，加速我方的OODA循环；

第二，阻断对手的OODA循环，切入对手的OODA循环，使其无法有效做出及时的反应，也就是干扰对方的观通设备、侦察卫星、间谍飞机，把信息阻断，然后把对方的通信系统割断，进行干扰，使对方的观察到判断、决定、行动的进程变缓，然后影响对方的交通枢纽、通信线路、部队调动的路径，还有净空阻滞对方的行动：这就是加速我方的OODA循环，迟滞对方的OODA循环，达成最大的效应。

现在我们空军非常提倡OODA循环。我跟空军同志讲，我们一定要注意，OODA循环在战役战术层面很有效，但在战略层面不一定。战略层面不一定越快越好，在战略层面，战略决心，有些时候是以不变应万变的。有些时候就是要静，要慢，要看对手怎么反应，后发制人，在战略决心这一点上跟战役战术不一样。

当然，我们今天也承认，OODA循环在战役战术层面很有用。

被列为世界管理大师的德鲁克[1]反复地强调，有效的领导者做决策，第一要正确，第二要及时。你正确，不及时，也就不那么正确了。

---

[1] 彼得·德鲁克（1909—2005），美国学者，著有《德鲁克论管理》《21世纪的管理挑战》《九十年代的管理》等，被称为"现代管理学之父"。——编者注

危机决策最检验领导者的能力与素质

危机决策最检验领导者的能力与素质,这种时刻对领导者的能力与素质的检验不是看你毕业于哪个院校,不是看你获得过什么学位,而是看你的实际应对能力。这对领导者来说是很大的考验。危机决策能力取决于领导者的硬件储备——实力储备、组织储备、方案储备,也取决于领导者的软件储备,就是善于行动、敢于担当的意志和胆略。危机处理中,领导者既必须调用物质力量,又必须调用精神力量,危机处理中的精神力量很大一部分表现为领导者自身的精神力量。物质力量和精神力量可以相互配合,相互补充,却无法相互取代。你以为你物资准备充盈,资金调动便宜,又有钱有物,就能够有效应对危机,那不一定呀,那是物质力量,你有没有精神力量?如果精神是无力的,你照样不行。后面提到的瓮安事件非常典型,领导者回避,领导者躲避,最后照样酿成大祸。

危机对领导的这种需求,是对领导者能力与素质的需求。

后面就进入一个实质性的操控阶段了。

首要的是控制事态,也就是危机处理中领导者一定要加强控制这个概念。危机处理的第一要务，不是解决问题，而是控制事态；不是追求最佳效果，而是避免最坏结局。

问题难以解决，事态必须控制。我们中有很多领导者在危机中怵头是为什么呢？这个问题盘根错节，是好几届领导留下来的，难以解决，所以他回避。你一定要控制它，你不控制它，危机事件蔓延开来，再想控制就难了，你不把它放在掌控范围之内，就已经是最坏的结局。例如，我们某个大省发生了民间集资资金链断裂的大案，当地的干部群众不满意，基层干部也不满意，阻断铁路，国务院领导的电报直接到了省里，责成这个省的主要领导处理这个问题。

这个省的常务副省长后来跟我们说，省委书记交代他去处理问题，给他布置了两句话：第一，要做到群众感恩；第二，要做到干部满意。要以这两点处理事态。这个常务副省长在国防大学学习过，听过我讲危机处理，他跟我说："金教授，我就用你讲的话说服了我们的省委书记。我跟书记说：'书记，现在资金链已经断裂了，我们去处理，通过索赔，能够给群众干部挽回一些损失，但是损失难以避免，我怎么做到让群众感恩、干部满意？做不到。现在不是解决问题，是控制事态；不是追求最佳效果，没有最佳效果，要避免最坏结局：铁路阻断了，经济发展大动脉断了，国务院来电报了。赶紧处理，避免最坏结局。'"

他说，书记同意了他的发言，不是追求最佳效果，没有最佳效果，而是要避免最坏的结局。

他说，到了现场，就想到我在讲危机处理时说的第二句话，危

第二章
危机中的领导者

机处理最好的策略就是以危机对付危机。"当时的情况是资金链已经断裂,我来处理,好像我一来就欠他们钱了,他们都要找省里赔钱。民间集资,你们自愿集资,你们自己干的事儿,跟政府有什么关系?当然,出了问题,政府应该出来维持秩序,要补回一部分的损失,但是不应该让政府去承担这个责任。但是,这些道理,一时半会儿也讲不清楚,怎么办?争取主动。我首先告诉他们,我到这个地区处置事件,首先是来处理你们阻断国民经济发展大动脉,把铁路切断了,这是犯法,我是来处理你们的,我不是来欠你们任何东西的。"他说,"我这才反被动为主动,以危机对付危机,首先让他们清楚阻断铁路这种行为的严重性,控制事态进一步发展,然后再来处理。"

这就是控制,一定要达成控制,否则一场小的危机很快就会演变为大事件。

危机处理导致事态失控,最常见的因素就是领导者缺位,领导者缺位有两个原因:第一是躲避,事关重大,情况不清,躲起来了,不做决策;第二个是错位,位置错了。乌鲁木齐"7·5"事件当天晚上,乌鲁木齐公安局分管副局长打电话到指挥中心找局长,局长不在,指挥中心的主任说他无权给各个副局长发指令。局长到哪里去了?据说到第一线去了,局长主要位置在哪儿?在指挥中枢,不是在第一线指挥处。你脱离了中枢,看着好像很英勇,冲到了第一线,但是错位了。你调动力量完成局面掌控,这是你的职责,而不是你单枪匹马前去身先士卒,所以我们说领导者缺位不单单是躲避的问题，错位了，就算冲到第一线，也解决不了危机。

面对危局，相反的情况是什么？领导者必须站出来，让别人看见你。站出来，你就是主心骨，即便你连怎么处置都没想好，也得站出来。

当年我们一个驻外使馆发生了不小的混乱，一个重要的原因就是关键时刻领导老不在位。

领导者藏起来，能躲避最后的灾难吗？最终受到了严厉处分。你以为你躲起来了，你就能够躲过一劫？你的整个队伍陷入混乱，群龙无首，各行其是，这就是你最后的结局。你躲是为了什么呢？就是为了安全，最后你却极不安全。

这就是领导者缺位带来的灾难。我们讲，面对危机，第一，要站出来，让别人看见你，有利于你控制局面；第二，要进入核心指挥位置——真正的属于你的位置，有利于你调动资源，展开救助。

不同时期危机蔓延的速度

　　从今天的角度来看，控制事态一定要掌控信息，掌控信息是最难的，信息失控往往意味着事态失控。我们今天要注意，发生在21世纪的危机，是通信手段极为发达时期的危机，是手机、互联网全面普及时期的危机，是公民权利意识高涨时期的危机，是民间力量茁壮成长时期的危机，是广受国际社会关注时期的危机，这就使危机处置变得分外难。过去毛泽东是怎么做的、邓小平是怎么做的，拿到今天往往不再适用，因为环境变了，今天每个人都是一个自媒体，过去新闻掌控全部，今天非常难。比如朝鲜那次坠机。朝鲜飞机在我国东北坠落了，这事若发生在过去，大家都不知道，把它处理完就完事了。但在今天不行，网友迅速拍摄照片发到网上，结果引起轩然大波。朝鲜飞机进来了，我们竟然不知道，中国还有空防吗？沈阳军区空军司令、政委都受到了处分，前线航空兵的师长、政委都被撤职了，这是很重的处分。其实我们早就发现朝鲜的飞机进来了，它刚进来三分钟，就被发现了，关键是我们没有飞机起飞去应对。师长当时可以决定升空，但是需要层层请示，一切行动听指挥，上面怎么说我就怎么做，便往上报，请示上面。到沈空，沈空要请示空军，这样时间就耽误了。最后我们还没有起飞呢，它一下子坠毁了。那么，中国还有空防吗？这样的话自然会被问出来。

过去在毛泽东时期、邓小平时期发生不了这种事情，今天这种事情必然会发生。环境变了，条件变了，过去那套行不通了，必须要拿出今天这套来，今天信息传播的速度，就是危机蔓延的速度。

过去烽火台就是用来传递信息的，看见长城的垛口有一炷狼烟升起来，就知道外敌入侵了。后来有五百里快马、驿站，当时马蹄的速度是危机信息传播的速度，马跑到哪里，你就知道危机信息传到哪里了，再后来有无线电波，到今天有网络。

1865年美国总统林肯在美国被刺，八九天之后，大西洋对岸才知道美国总统被人杀了。因为邮轮跨越大西洋需要时间，当邮轮带着消息、报纸航行过去，对岸才知道林肯被刺，死了将近十天了。今天的信息传播需要八九天吗？八九秒钟就能传遍全世界，这就是今天信息传播的速度，也是危机蔓延的速度，跟过去完全不一样。过去有条不紊的、按部就班的，为什么在今天很难实施呢？因为今天是信息传播空前加速的环境。

信息传播的空前加速使单一危机发展为复合危机，经济危机演变为政治危机，局部危机引发全局性危机，地区性危机转化为跨地区危机，这是信息时代危机衍生的重要特点。提出软实力以及巧实力的约瑟夫·奈说过："互联网时代的速度，意味着所有政策，不论国内还是国外，对自身议程的控制权都会减少，而且会被迫与更多

第二章
危机中的领导者

的参与者分享舞台。"不管你愿不愿意,人家都会参与进来,过去民众只知道处理的结果,今天要参与处理的进程,这就是信息时代的特点。

那么,在今天这样一个信息时代,依靠网络舆论决策,对不对呢?其实对我们今天来说,复杂性就在这里,你说你就是服从民意,可网络意见不一定是多数人的意见,20%不一定代表80%。像"7·23"甬温线特别重大铁路交通事故,对高铁项目造成了沉重的打击。在"7·23"事件发生之前,网络一片捧高铁,骂航空晚点不解释,也不许索赔。当时南京的媒体还专门做了比较,从南京出发,一个坐飞机,另一个坐高铁,到北京的西单广场会合,同时出发,结果坐高铁的比坐飞机的早到一个半小时。"7·23"事件中,动车追尾,媒体全面转向,把高铁骂得一塌糊涂。

网络舆论就是真正的舆论主流吗?网络舆论是理性的吗?政府决策简单地依靠网络决策是对的吗?

"7·23"甬温线特别重大铁路交通事故以后,我们自己总结了一大堆高铁的不是——信号不行,系统也不行,车辆也有问题,总结了一大堆。当时我们本来有一个团正在美国推销高铁,美国好几个州都想让我们帮着建高铁,结果一看我们的报纸报道成这样,这个团就灰溜溜地回来了。美国人说,你们自己的问题这么多,还给我们建高铁,觉得很不保险。就这样,我们把自己的好事弄砸了。

当然,我们讲,高铁在发展中有很大的问题,贪污的问题很大,但是高铁是中国铁路交通发展的一个必然方向。按照原来的规划,有了高铁，2020年以前，全国各省市除了乌鲁木齐和拉萨，各省会距北京都在8小时以内，包括广州、昆明到北京也在8小时以内，这意味着什么呢？意味着中央控制能力空前增强了，绝不仅仅是经济效益的问题。铁路就是国家的神经。高铁是一个新生的事物，这个新生事物仅仅依靠网络舆论决生死，网络说它好，我们就建设；网络说它不好，我们就停止：这是缺乏主观判断的。

　　当时高铁项目遭到了重挫，但是现在新一轮发展又开始了。李克强总理访问欧洲，访问印度，访问非洲，也包括东南亚，到处介绍我们的高铁，现在新一轮高铁建设要开始了。所以你看我们当时的决策，向网络舆论妥协让步并不意味着是对公众利益的尊重，真正尊重公众的利益需要超越眼前，追求长远。

　　身处今天这样一个信息传播空前加速的时代，我们讲掌控信息，不是对信息妥协，而是你要主导它、引导它，而不是跟随它。

积极是控制危机的前提

积极不一定能够控制事态，但是不积极肯定会让危机处理进入失控的状态，因此，积极是控制危机的前提。

2008年9月15日，上午10点钟，金融危机正式开始。有一百五十八年历史的美国第四大投行雷曼兄弟公司破产，上午10点申请破产。十分钟后，德意志银行就干出一件傻事情来，德国的国家发展银行10点10分按照外汇调期协议向雷曼兄弟公司即将被冻结的账户转去了三亿欧元。糊涂不糊涂呀，人家10点钟正式宣布破产了，你10点10分给汇去三亿欧元，石沉大海，再也收不回来了。因为账户被冻结，所有来款都会作为偿还债务，再也回不去了。德国舆论大哗，怎么回事？国家发展银行如此糊涂？追究责任，后来起诉到了德国法院，德国法院调查谁应该负这个责任，查到最后，不了了之。没有具体责任人，大家都出问题了。

首先查的是首席执行官施罗德。施罗德说，他知道当天要按照协议的约定转账——要给雷曼兄弟公司转账，至于是否撤销这笔巨额交易，应该是董事会开会讨论决定。既然由董事会讨论决定，那么查董事长保卢斯。保卢斯说，他们还没有得到风险评估报告，无法及时开会决策，报告没有来，决策没法进行。为什么报告没有来呢？董事会的秘书史里芬打电话给国际业务部催要风险评估报告，那里总是占线，他想隔一会儿再打。为什么总是占线呢？国际业务部的经理克鲁克周末准备带全家人听音乐会，正在打电话提前预订门票。副经理忙于其他事情，没有时间关心雷曼。这些都是金融界高智商高学历的人，集体犯错。高层出了问题，中层执行机构还有能力挽回，为什么中层也没有挽回？负责处理雷曼兄弟公司业务的高级经理希特霍芬说，他当时正在休息室喝咖啡，让文员上网浏览新闻，一旦有雷曼兄弟公司的新闻，立即向他报告。文员是谁？史特鲁克。他说："十点零三分我曾上网看到了雷曼兄弟公司申请破产保护的新闻，赶紧跑到了希特霍芬的办公室，他不在办公室，我写了一张便条放在桌子上，他回来会看到。"

希特霍芬没回来，没看到。信贷部的经理莫奈尔说："我在走廊上碰到了文员史特鲁克，他告诉我雷曼兄弟公司破产的消息，我相信希特霍芬和其他职业人员的专业素养，不会犯低级错误，没事，他们会处理好的。"公司公关部的经理贝克说雷曼兄弟公司破产是定局，他想找首席执行官施罗德谈谈此事，但上午要约见几个克罗地亚的客人，想下午再谈，不差几个小时。

就是这样一个过程。

所有的人从智商上没问题，从工作经验上没问题，出了大错，谁负责？找不着一个责任人，他们都犯错了，集体出错。平常这种

第二章
危机中的领导者

官僚机构的运作无碍大局,但到了关键时刻就会犯大错,各个环节脱钩,没有一个环节是积极主动担当的,都在不积极、不主动,各行其是,最后酿成大祸,三亿欧元就这样石沉大海。三亿欧元的损失啊!根据调查的结果,造成此次重大损失的原因主要有:一是银行的最高决策层风险意识淡薄,对雷曼兄弟破产事件事先准备不足,没有提前制订出妥善的应对方案;二是银行内部的业务部门信息沟通不通畅,相互之间的协调不及时;三是银行内部的应急措施不完备。

我觉得这就是积极不积极的问题,不是学历的问题,不是知识结构的问题,而是人的秉性的问题。

"6·28"瓮安事件上,新华社分社的社长就分析过瓮安县委书记王勤,说王勤不是一个腐败官员,他不打麻将,不进舞厅,还不是一个庸官,他带领的班子七年内让瓮安GDP翻一番,他是一个勤奋的好干部。结果发生了瓮安事件。2008年6月22日,那个小女孩溺水身亡,一直到6月28日晚上,瓮安县委县政府被付之一炬,整个危机蔓延升温一周。一周的时间不作为,没有动静,解释都很勉强。到了6月28日早晨,最初抬尸游行的有两百多人,中午发展到两千多人,下午扩展到三万多人,雪球就滚起来了。

瓮安事件发生之后,省委书记到第一线处理,当地民众讲了一句话:"等不来一个领导说话。"最后酿成大祸。县委书记王勤讲,我非常辛苦呀,我七年让GDP翻一番。省委书记说,这个事你不要说了,你就说现在,你怎么回事,怎么处理这件事的。就像我前面讲的20%对80%的颠覆，关键时刻你到哪里去了？你让公安、武警他们在第一线，让副秘书长、秘书长去解释，你是主要领导，不见群众，你行不行？等不来一个领导说话，最后酿成大祸。

当然，我们还有另外一个例子：外交部前部长李肇星。

我是上一届的全国政协委员。政协每年要请一批海外的特邀代表。在上一届全国政协开会的时候，我遇到了一个特邀代表，他不是中国国籍，是美籍华人特邀代表。那天我们在政协开会，晚上吃饭。当时还没有中央的八条规定，晚上请客吃饭的人很多，大多数委员都出去吃饭了。我和那个美籍华人、全国政协的特邀顾问坐在一个餐桌上，餐桌上只有我们两个人，聊天聊得很热乎。他是亚特兰大的华侨领袖，他跟我讲，他是一个四川人，在美国住了三十年。他说："你知道我们最佩服哪个大使吗？"我说，不知道。他讲，是李肇星。他说："他的相貌，我无法夸赞，他的英语带有浓重的胶东口音，不敢恭维。但是他敢于接受美国主流媒体采访，在访谈中与对方激烈争辩，阐述中国观点，给我们都留下了非常深刻的印象。"

他跟我说，在美国三十年，李肇星是第一个敢上美国的主流媒体CNN、CBS、ABC，和美国的节目主持人、政府官员、专栏评论家辩论的大使。我问："李肇星之后呢？"他说："没有一位，都不去了，说错话怎么办？自己负责，还不如不去呢，最保险。只要不出事就能升官，其他都是瞎扯。"这种状态，你能积极吗？我们在处理一系列事件之前不积极，不积极的根源在哪里？我们有的人把保乌纱帽看得高于国家利益，最大的是自己的乌纱帽，你能积极吗？积极有可能丢

第二章
危机中的领导者

帽子，风险太大。

这位美籍华人说："我们中国华侨非常佩服他，你看他长相不怎么样，英语也不怎么样，但我们非常佩服他。"接着他又问我，"你知道我周围的美国邻居最佩服谁吗？"我说，不知道。他说："我周围的美国邻居最佩服伊拉克驻美国大使，这个大使在整个伊拉克战争期间一直在为萨达姆辩论，一直辩论到4月10日，美军第三机步师冲进巴格达，把雕像拉倒，推翻萨达姆政权。新的政权宣布解聘他的伊拉克驻美大使职位，职务丢了，他流落美国街头。不在于他讲的都是真理，这个家伙挺萨达姆挺到底，他是一条汉子，佩服他。"

你看美国人佩服什么人，他们就佩服这样的人。美国人说什么，你就是什么，美国人怎么做，你就跟着怎么做，美国人会佩服你？你顶多是他们一个拎包的而已。他们永远不会佩服你。他们佩服强者，哪怕你最后满盘皆输，你挺到最后也是强者。

我们经常讲，有人说，提起筷子吃肉，放下筷子骂娘。我说，你不能简单地说这个问题，他为什么放下筷子骂娘？他觉得尊严感丢了，以前吃不起肉也有尊严，现在大块吃肉，觉得窝囊，这就是人的尊严感。尤其是吃饱了喝足了之后，对尊严感的要求更高了，到国外被别人视为二等公民，行不行？绝对不行，因为尊严感。尊严感来自哪里？就来自你的国家在维护自己利益时的坚定。这就是为什么那些驻美的华人能够感觉到李肇星这个人带来的尊严感，他敢跟美国人吵，让他们都感到作为华人有尊严。

法国一个善于处理危机的大师讲过，要控制就要能预见，最坏的就是观望，人类若不能预见正在发展的威胁并立即采取对抗行动，他们也会成为命运的玩偶。预见威胁立即行动，最坏的就是观望，最糟糕的行动比没有行动都要强，因为你在力图控制，而观望是最糟糕的，这就是我们说的积极的必要性所在。

当然，有些人能积极起来，有些人积极不起来，那么积极的要素在哪里呢？第一，能否获得较为充分而准确的情报；第二，能否制订尽可能短时间内立即执行的预案；第三，能否设计尽可能短的决策程序。这就是为什么有些人快、为什么有的组织能快、为什么有的快不起来的原因所在，关键就是这三点。

当年我们的驻港部队进入香港接收港英当局。我们驻港部队总的班子，包括司令部、政治部、后勤部、装备部，三百多人，跟英军司令部的机关差不多。有些人说我们机构庞大、人家机构小，其实两者差不多，我们司令部三百多人，他们司令部三百多人，但是关键看英军的司令部人数是怎么分配的。他们的司令部三百多人里，情报处一百八十多人，你能看出对方对情报的重视。我们情报部七个人，迎来送往，上面报告，下面总结，忙得团团转，哪有工夫搞情报？以致有人冲击驻港部队的军营，我们事先都不知道。这就是第一要强调的情报，没有情报这个保障，你想快，永远不可能实现。第二，就是预案。我说预案的生命力不在于预案的准确性，而在于预案的可行性，预案本来准备是对付张三的，没想到李四出了问题，

第二章
危机中的领导者

要拿来对付李四。第三，就是尽可能短的决策程序。领导者平常不要求一竿子插到底，因为平常讲科学决策，所谓科学决策，就得层层监督、层层制约，但是危机决策要求一竿子插到底，指令一竿子捅到底，要求你有能力贯彻，如果你只有平常决策那一套，指令层层下达，情报层层上传，危机决策肯定要出问题。你想积极想快也不可能实现，必须要有一竿子插到底和一竿子捅到底的能力，你才能够获得行动的积极性和有效性。

行动要积极，目标要节制，不要想一口吃个大胖子。节制目标，关键来自力量，力量的有限性决定了目标的有限性，力量与目标之间的距离就是风险。你的目标很高，你的力量达不成，你的风险就不可控了。有个人讲过一句话："我制定的目标跳起来能够着。"我觉得这个比喻很好，也就是说，目标比较高，我一时够不着，但是我跳起来就能够着它，经过努力我能够着它。目标与力量之间有风险，但是我跳起来能够着，就意味着风险可控；如果跳起来够不着，就意味着风险太大，不可控。

比如说占领钓鱼岛、控制钓鱼岛，我们的力量做不到这一点，风险不可控，所以就得分阶段地实施，首先让对方承认钓鱼岛的归属存在争议。有人说，目标太低了。我们根据力量来配置这个目标，一步一步来，分阶段实施目标，而不是一下子达到最终的目标，这就是对目标的节制，对目标的节制反映了什么呢？反映的是对力量的清醒认知，你有多大的力量、能干多少事，这是需要注意的。

危机处理过程中的妥协与退让

危机处理中最重要的就是目标，最容易被忘记的也是目标。力量的有限性决定了目标的有限性，把握目标的有限性才能使自己张弛有度，进退自如。这个时候一定要注意目标的有限性，把目标控制在自己力所能及和努力能达到的一个阶段。

危机处理过程中一定的妥协退让，不但必要，而且往往不可缺少，往往没有妥协就没有成功的危机处理。必须得妥协，但是妥协要注意两点：第一，注意妥协的时机，必须利于事态降温和危机控制，而不是导致相反的结果，你妥协，对方认为是退让，变本加厉，提高价码，那妥协时机就错了；第二，要注意妥协的损害必须是暂时的，而不是长久的，绝对不能因为规避眼前的风险而给自身造成长期无法挽回的损害。

有些时候为了渡过眼前的难关，不惜狮子大张口，给将来造成无法挽回的长期损害。我们要注意，任何妥协都是有损害的，尽量把妥协损害集中在眼前，而不是集中在长远，否则会给将来带来很多的麻烦。

第二章
危机中的领导者

我们的什邡事件、启东事件、宁波事件，因为重化工的项目，当地群众抗议，什邡是这样，启东是这样，宁波也是这样，当地政府最后都被迫做了妥协，然后都发生了打砸抢烧事件。启东发生打砸抢，闹得一塌糊涂，最后法不责众，不追究，一切都过去了。你看，你妥协了，是平复了危机，处理了，而且什邡、启东、宁波三个地方政府都保证今后再不上这个重化工的项目。这种妥协给今后造成了长期无法挽回的损害。

决策过程不尽合理就仓促上马，没有充分争取地方的意见，这是第一个失招，随后在巨大的压力下仓促下马，对打砸抢烧的行为也不依法追究，当地局面虽然较快恢复平静，造成的示范效应却是，纠正政府决策最有效的办法就是暴力示威，这些印象扩展开来，对社会稳定的影响将是灾难性的。一个地方政府妥协了，会对全国造成连锁反应。结果为了规避眼前的风险，迅速妥协，平息事态，给今后造成了长期无法挽回的损害。就是这类妥协有很大的问题。这种示范效应非常糟糕，不管是妥协的时机还是妥协的程度，都是可以探讨的。

营造和保持危机升级能力

危机处理能力，最后关键的危机控制能力，不取决于你左右逢源和上下周全的能力，而是在于危机升级能力，即能够使危机升级，让对方遭受更大损害的能力。使对方失去危机升级的利益前景，这是最根本的危机控制能力。如果不具备这种能力，对方能够使危机升级，我方不能使危机升级，局面必然失控，我方不但难以摆脱被动局面，而且更加难以实现主导。危机控制能力最根本的就是危机升级能力，如果离开这一点，那是不行的。

危机控局的过程当中，要营造危机升级的能力，通过升级使对方遭受更大的损害，如果没有这个能力，将来就会有麻烦，对方就能主导，你就难以主导，对方能升级，你不能升级，你怎么主导？你怎么掌控？这就是我们讲的控制事态、掌控信息、积极行动、节制目标、实施妥协和保持危机升级能力，你才能完成有效的掌控。

承担风险，领导者第一，控局第二，领导者在危机中承担的风险，说实话，你想躲也躲不过去。决策利益带来风险，危机处理必须得放弃一些东西，放弃哪一部分利益，领导者必须做出抉择。利

第二章
危机中的领导者

益排序并非可以一劳永逸地加以固定。你放弃哪部分利益？在不同时期、不同的环境中、不同的压力下，利益排序会不断发生变化，特别是在实际环境中，最优先的不一定最重要，最重要的不一定受威胁最大，花费代价最大的不一定带来最大的收益。

所以利益决策过程是危机处理中既无法回避又艰难复杂的过程，其中蕴含着一个简单的道理，即有所失才会有所得，总想一无所失，最终一无所得。你真得丢点什么东西，至于丢什么，你得好好判断，这对领导者来说必然带来风险，你舍的不对，那你肯定错了。

这就是风险，无法回避，对领导者来说，决策利益有风险，把握时机有风险。哪个时机是最好的时机？到行动的时机了吗？到妥协的时机了吗？这是把握时机的风险。国际危机处理有这么一句话：机会永远存在，抓住机会的永远是少数。这里面有两个"永远"，但大多数人抓不住机会。《圣经》里有一句话，大意是，灭亡的道路是宽的，而幸福之门那样窄。不要以为大多数危机处理都会成功，不是的，只有少数成功，大多数都以失败告终。

机会永远存在，抓住机会的永远是少数。这里面有什么呢？有机会成本，它叫 Opportunity Cost，你想抓住 Opportunity，那你付出了多大的 Opportunity Cost 呢？你不付成本就想抓住机会，天下没有这等便宜事。

明确权限，做出必要的限制

领导者在承担风险，选择什么样的利益，怎样把握时机和有效地分权？高效的危机处理要求什么呢？权力向下分散，责任向上集中，是高效危机处理的显著特点。必须分权，为什么呢？一线人员对情况了解得最清楚，你在后台，你在指挥枢纽，你了解得不清楚，所有决策权还在你的手里，你肯定要滞后，肯定要吃亏。

所以必须得分权，必须让一线人员有积极性、主动性和创造性，怎么把一线人员的积极性、主动性、创造性调动起来？关键是第一要分权，分权要给出清晰的目标，不是漫无边际把权力都分出去，而是要针对目标分权；第二，做出必要的限制，是有限分权，而不是无限地授权；第三，配以适当的资源，不是大笔一挥，把某某某问题交给某某某处理，你必须完成给某某某处理问题的资源配置；第四最重要，授权不授责，如果授权也授责，权力交给你，好自为之，出了事，你负责，一线人员也不行动。最糟糕的是什么？不授权只授责，这是最糟糕的，一线人员没有权力，还承担责任。

比较糟糕的是授权也授责，这也不太好。最好的是授权不授责。

第二章
危机中的领导者

权力交给你，责任我来承担，非得有这个气度才能推动一线人员积极、主动、创造性地行动，否则推不动。更严重的是一线人员不积极行动。我凭什么动呀？我动了，有成绩，都是你的、上级领导的，有责任都是我的，所以我还是一切行动听指挥吧，你让我怎么做，我就怎么做，你不让我做，我也不知道怎么做。一线人员没有积极性，导致危机处置失当，往往就是因为这里出了问题，所以领导必须实现授权不授责。领导者就得有这个胆略：把权力交给你，责任我来承担。

陈赓说过："再好的作战方案，战斗一打响，作废一半。"别看你的方案很好，你看我们有很多很好的危机处理预案，待危机到来时发现它们没有多大用处，还得临机处置。陈赓还说过："开战前是我指挥你们，开战后是前线指挥员指挥我了。"这是陈赓大将的制胜要诀，作战的精髓，就是充分授权，让前方积极、主动、创造性地行动。

决策者越是敢于担当，将士越是勇于担当

中印边境自卫反击战[①]，是非常典型的战例，没有人想到会打这场仗，毛主席也没有想到。我们当时没有把握，毛主席把西藏军区司令张国华叫过来问："听说印度军队还有一些战斗力，我们能不能打赢啊？"张国华信心满满："打得赢，请主席放心，我们一定能打赢。"

毛主席根本没有按照张国华的思路去想。他说："也许我们打不赢，那也没有办法，打不赢也不怨天不怨地，只怨我们自己没有本事，最坏的结局无非是印度军队侵占我们西藏。西藏是中国神圣的领土，世人皆知，天经地义，永远不能改变的，总有一天我们会夺回来。"毛主席给张国华吃了一颗定心丸，打输了没有关系，把西藏打丢了都没有关系，总有一天我们会夺回来。张国华回西藏军区传

---

① 中印边境战争是指1962年10月至11月间发生在中华人民共和国和印度在藏南边境的战争，从1962年10月20日开始，至11月21日，中国军队在打到中印传统习惯线附近、取得节节胜利的大好形势下，突然单方面结束行动，并将缴获的物资和俘虏的战俘归还印方，还从冲突发生前的实际控制线后退20千米。——编者注

第二章
危机中的领导者

达，西藏军区同志情绪嗷嗷叫："我们怎么能打输呢？"毛泽东给张国华吃了一颗定心丸：你前方放开了打，打输了我这儿给你兜着，打丢了都没关系。

西藏军区前方指挥员的积极性、主动性、创造性，都被毛主席这句话给激发出来了。当时中印边境自卫反击总部决定的意见是不要打大了，就打印军一个点，围歼印军一个营，不要打多了，打大了吃不掉。作战方案全传给前方指挥。前方指挥员张国华等人要求打印军一个旅，而且立即行动，打一个大的，吃大的——吃一个旅。总部要求打一个营，让你保险，你们非要吃一个旅。两种方案均报到军委，有领导认为张国华等人是军事冒险主义，是张国华不听招呼胡干、蛮干。方案最后由毛主席定夺。毛主席一言九鼎："他是前沿指挥让他打嘛，打不好，重来。"你看，这就是气度。

中印边境自卫反击战，在新中国成立以后的自卫反击战中，战役战术层面战绩最大，围歼印军三个旅。按照中央精神、总部精神、总参的精神，围歼一个营就行了，最后竟吃它三个旅。没有前方的积极性、主动性、创造性，根本不可能取得这样的战果。毛主席充分尊重了前方的主动性。

当时获得大胜，张国华也忐忑不安，因为他们违背了军事方案。消息传来，好几位老师说他是军事冒险主义，他守在保密室等军委电报。军委第一封电报来了，表扬张国华。译电员按照密码一个个译出来，张国华一个字一个字地看，心里一块石头落了地，领导没有追究他不听从上级指挥的责任。紧接着第二封电报来了，头一封电报作废。刚看完第二封电报，第三封又来了，而且以第三封电报为准，张国华的心又提起来了，可能是上面有意见，还要加批评。第三封电报译完，他一个字一个字地跟第一封电报比对，就多了这么几个字："中央军委极为高兴。"

这是毛主席加进去的，要求追回第一、第二封电报，就补了这句话："中央军委极为高兴。"这就是前方积极性、主动性和创造性的表现，你看，它跟后方决策者的大包揽、大担当连在一起发挥了什么样的效用。所以我们要讲领导者的大眼光、大境界，有效推动前方指挥员的积极性、主动性、创造性，促使他们正常发挥，甚至超常发挥。我们今天有些领导者老是抱怨，前方没有敢干的了，都是胆小鬼，害怕了。我说，你别说前方，你看你自己，你敢不敢？你只要敢担当，前方肯定有人敢担当。

决策者越是敢于担当，前方将士越是勇于担当。我们今天有一个普遍现象，班子里要做出一个决策，80%都支持，都觉得心里没底，非得全票通过好像才是成功的决策，有一个人不同意，大家都觉得不妥。真正好的决策往往带有一意孤行的特质，你要是有一意孤行的特质，你又成功了，历史会留一笔，记你的战略和胆略。当然，如果你失败了，那叫刚愎自用。这就是决策者的风险。决策者如果不承担这个风险，你想在历史上留一笔就很难。

为什么习近平主席反复强调各级干部要敢于担当？因为这是作为一名决策者的关键素质。当然，我们确实也有很多敢于担当的干部。例如，在海洋维权的时候，国家海洋局一批干部敢于担当。

第二章
危机中的领导者

2012年9月11号日本完成"购岛",9月12日我们外交部发表声明,要开展维权,到钓鱼岛维权。当时到钓鱼岛维权,中央的指令还是要求不进入12海里,我们国家海洋局的同志积极主动大胆地行动,促使中央行动发生了改变,进入12海里。

我们军队的同志要好好地向国家海洋局、向海监总队的同志学习,国家海洋局海监总队的同志说:"一定要以我们的行动给中央增强信心。"你看海洋局的同志,"以我们的行动给中央增强信心",而不是说中央给我指示,你怎么说,我怎么做,你不说,我也不做,你说了,我还不一定做得到。

这就是最后定位的"9·14"行动,国家海洋局八条船进入钓鱼岛12海里。没有前方这一批人的积极性、主动性、创造性,无此可能。简单地执行中央指令,不进12海里,当然中央会立即给他们大加表彰。我觉得这就是担当的问题。危机处理很多不是技术问题,而是领导者的思想和境界的问题,在于敢不敢担当。没有这批敢于担当的人行不行?到了关键时刻,有没有人出来横刀立马?!你有这样的力量,给中央增加了多少决策的空间呀,没有这样的力量,那就真的永远不能进12海里了。

严重的危机感往往使危机本身得以避免

德国已故总理施密特说过："真正的问题永远难以解决，最高的境界实际上就是转换。"战略的最高境界是因势利导，而不是把对方吃掉，你今天能吃掉吗？我们能吃掉美国吗？美国能吃掉我们吗？我们能让日本永远沉没吗？让那个岛沉到海底去吗？日本能再一次侵略中国吗？谁都不行，今天就在这样的环境下，不管喜欢不喜欢，不管愿意不愿意，只有共存一途，虽然要斗争，虽然要冲突，但是共存是倾向，那么怎么实现因势利导呢？

这就要善于利用不确定性，情况越明了，不确定性越小，领导艺术发挥的空间也越小，反之，不确定性越大，领导艺术发挥的空间也就越大。我们今天的人不喜欢风浪，跟毛泽东不一样。毛泽东说："沧海横流，方显英雄本色。"他觉得，风浪小了，显不出这个掌舵人的本事，等风浪大一点，能看到我操船的本事。我们觉得风浪不能大，风浪一大，我们的船就翻了，这种状态就不行。要想真正地实现转换，你就得利用这个不确定性，什么都搞得清楚，哪有你的发挥空间呀？那就是三岔口，你砍我一刀，我砍你一刀，你也

第二章
危机中的领导者

看不见我，我也看不见你，这个时候双方存在很大的不确定性，是你发挥空间最大的时候。危机处理理论，不是什么高深的理论，一个最根本的要诀就是，领导者站出来，让别人看见你。就是这么一句话。实现转换，利用不确定性，最关键的就是不怕事，不怕事，你就能把这个事态往有利的方向转化，你就能够有效地遏制危机的危害面，利用危机的功能面。不要以为危机都是灾难，危机都有功能面，要利用危机的功能面。

马航空难后，我们提出来在南沙群岛建机场，我们急需在南海岛屿建立机场和搜救中心，以维护南海航道的安全，这就是危机的功能面。我们平常要在南沙群岛建机场，那毛病大了，"中国威胁论"就会冒出来。这回空难搜救连美国也来了，大家都来了，却找不到失事飞机，证明了什么呢？这个区域太重要了，这个区域的搜救能力太重要了，所以我们要在南海建机场，增强这种保证国际航道安全的防守能力。多好！这就是危机的功能面。

索马里海盗危机也给我们提供了机遇。我们海军前出亚丁湾巡航，如果没有索马里海盗危机，我们海军到亚丁湾肯定又会被认作"中国威胁论"大幅度的翻版。现在美国呼吁你去，北约呼吁你去，日本从内心里不愿意，但也不敢吭气，我们就去了，跟它们都开展合作。这是多好的机遇呀。前出亚丁湾，是我们前所未有的机遇，而且我们前出亚丁湾发生了一系列的改变，包括我们现在认识到在海外建军事基地的问题，这种改变极为重要。我们以前一说中国政府对外声明，就说永远不在海外建军事基地。这些声明中好多都是自断退路，说话都太绝对，我们是唯物主义者，唯物主义者要认识到事情永远在不断地变化，你说永远不建，现在要建，只能去修改原来的声明了。

曾就有人来让我们帮着出出主意，怎么把它变过来，要建海外军事基地。我说，你现在一定要抓住这一点，中国要做负责任的大国。我们要负责任。以前发起家来了，修一扇防盗门，就管家里的事儿，别人打得头破血流，我都不管。现在不行了，中国要负责任。怎么负责任？打开防盗门，在我楼道里打架不允许，在楼道门前打架不允许，在社区打架不允许，我要走出去负责了。所以要建海外军事基地，不是说我们要扩张，而是说我们要履行国际义务，要与联合国安理会常任理事国大国地位相适应，我们要建海外军事基地，要走这一步。

2006年我参加中美首次联合军事演习时，坐我们海军舰队从青岛出发，横跨太平洋。我们海军舰队，北海舰队两条舰——113舰、881舰，横跨太平洋。海上连续航行十八天到夏威夷，然后中美第一次军演演习完了，在海上连续航行十六天，到达美国西海岸的圣迭戈，跨越太平洋用了三十四天的时间。

我们在夏威夷登岸的时候都发生了一个航海特有的现象，叫作晕岸，上了岸走路都晃晃悠悠的，因为你在军舰上一天24小时甲板上都是横仰俯仰，就是这么晃动，一天24小时起床、吃饭、工作，你都在找平衡，深一脚浅一脚。十八天形成固态了，到夏威夷登岸时，上岸就感觉陆地还在动，所以你还在找平衡。

第二章
危机中的领导者

各国都在说海军纪律最差了，他们上岸都是一伙醉汉。其实我们一点酒没喝，就是晕岸。我们第一批在亚丁湾巡航，因为没有基地的补给，170舰在海上连续执勤三个半月。887舰执勤时间更长，170舰回来了，它还不能回，连续执勤六个月。人是陆地动物，我们十八天产生晕岸，人家坚持六个月，人的耐受达到了极限。海军的同志讲，工作很难做，内部吵架的、一点小问题就打架的、在海上可能动刀子的，这种暴力事件真的很多。为什么呢？因为精神上的崩溃。上岸转上一个半小时回来，各个满面红光，精神焕发，什么工作都能做，好好的，很正常。

我们急需基地，不是因为中国要扩张，我们是要完成我们的补给任务，我们在前出亚丁湾巡航之前没有这个切身的感受。你问问海军官兵我们需不需要海外基地，众口一词，与中央保持一致，不需要海外基地。你现在再问问，他们都说太需要海外基地了，要登岸，要补给，要上淡水、上蔬菜，人要到陆地上转一转。这就是社会存在决定社会意识，没有这个存在，就没有这个意识。我们今天有海外存在了，我们决定了我们的意识，我们必须扩大我们的这种存在。

这就是机遇，索马里海盗危机给我们提供了机遇，我们极大地扩展了。阿基诺三世给我们提供了机遇，我们今天完成了对黄岩岛的牢牢掌控，通过黄岩岛控制了中沙群岛。没有阿基诺三世捣乱，在黄岩岛我们竖主权碑，被菲律宾砸了；竖他的，我们再砸他的碑；竖我们的，他又砸我们的；竖他的，我们再砸他的。双方互相砸碑砸了十几年，自从黄岩岛事件以后，再也砸不成碑了，他靠近不了了，我们彻底把他赶出去了。他想闹事，想夺占这个岛，结果搬起石头砸自己的脚，我们利用黄岩岛事件完成了对中沙群岛的掌控——黄岩岛是中沙群岛的主岛，这也是危机事件处理。

野田内阁的"购岛"行为使我们今天钓鱼岛维权行动有了大幅度的进展，中日今天在钓鱼岛斗争激烈。前不久，总参系统请了一个日本人，他到我们内部放开了讲日本的态度，我们听了都非常生气。他说日本今天的"左中右"团结在一起了，为什么呢？觉得被中国人欺负了，认为我们欺负他们。他说："今天日本对钓鱼岛的感觉就跟你们当年对九一八的感觉一样，九一八日本压迫你们了，今天你们压迫我们。1971年以来你们根本不声明钓鱼岛是你们的，你们根本不来。你们现在来了，武力逼迫，我们被你们欺负了。"

今天我们看斗争激烈是我们维权的重大进展。邓小平1978年提搁置争议，当时只这么提，为什么呢？力量与目标成正比，力量达不成，目标达不成。1978年我们根本没有那样的远洋力量，到不了钓鱼岛，没有船，没有这样的人，现在我们可以了。这就是目标在不断地调整，钓鱼岛现在的激烈斗争，看似是日本给我们提供的时机，其实从本质上看，我们从来没有后退，权益是我们过去丢掉的，但是我们现在前推，利用对手犯错，我们再往前推，这就是抓住危机中的机遇。

所以，只要不怕事，越有挑衅，越有改变现状的机会。不要把挑衅都看成坏事，处理得当，它往往会变成好事。你看2014年，乌

第二章
危机中的领导者

克兰这轮挑衅说实话谁都没想到,我也没想到,当时乌克兰已经把亚努科维奇赶下台了,亚努科维奇到处流亡。然后那一周让我做军事评论,评论俄罗斯会不会采取军事干预,因为当时我在中央人民广播电台有一个"一南军事论坛",每周都要评论一次当周的重大军事热点。当时做评论,我就犯了一个错。评论问俄罗斯会不会干预乌克兰局势。我说,估计不会的,乌克兰局势还在发生变化,俄罗斯现在最好的做法就是做一个静观者,静观乌克兰变化,它有很大的余地,然后行动不行动、采不采取军事行动都来得及。我刚刚评论完,广播电台播了刚两天,普京就采取了行动,进入克里米亚,我完全没有想到。我低估了普京,普京利用对手犯错的机会,利用对手2月21日通过的解决方案,2月22日就把亚努科维奇赶下台,利用对手以为这一轮把亚努科维奇赶下台获得大胜,乌克兰的分裂从此开始。普京果断行动,让对手承担犯错的代价,把克里米亚拿了过来。

当然俄罗斯内部很难,但是他今天要牢牢地掌握克里米亚。你看普京利用对手犯错的机会坚决行动,越有挑衅,越有改变现状的机遇。3月1日,普京正式对克里米亚采取军事行动那天,媒体评价说3月1日后冷战时期正式结束。冷战是美苏抗衡,后冷战时期,苏联解体了,美国独霸。3月1日标志着后冷战时期结束,一个平衡力量出来了,这个行动对我们多有利,我们的战略压力得到了极大的舒缓。美国人转移亚太也好,亚太再平衡也好,不得不再一步深度搁置。普京的处置就是应了基辛格的话——最好的反危机策略就是以危机对付危机，你乌克兰不是通过这次的危机给我形成了很大的挑衅吗？全面地投靠西方。好，我给你来一个反危机，让你充分地承受这个代价。

今天危机还在进行，从这里面可以看出来，不要把一个单一的危机看成灾难，要注意它里面所包含的机遇。

首先判断现状于你有利还是不利，如果不利，挑衅就是改变现状的重大机遇。你看东海现状、南海现状对我们都不利，我们必须期待对手犯错。针对安倍晋三犯的错，其实我们原来主张对于参拜靖国神社没有必要大张旗鼓地抗议，他不参拜别的，政策参与就行了，但是这一轮非常有必要，为什么呢？安倍晋三参拜以后，广大的舆论开始把安倍晋三逼于墙角，把安倍晋三参拜靖国神社上升到颠覆二战中美达成的亚太秩序这样一个层面。这让美国人感觉到很难受，这就是利用对手犯错，利用对手挑衅来达成自己的目的。对手不挑衅，你反而没有这样的机会。

所以基辛格讲得非常好："最好的反危机策略就是以危机对付危机。"基辛格本人也有这么一段回忆，是基辛格1996年的回忆。他回忆1971年与周恩来总理会谈，就是秘密访华开辟中美关系的那一次。基辛格秘密访华，与毛泽东主席、周恩来总理会谈。基辛格讲，二十六年来，第一次美国领导人会见中国领导者，也就是说，自1945年重庆谈判以后，美国领导人没有见过中国领导人。整整二十五年前的事，基辛格记得非常清楚，他说："周恩来第一句话使我的谈判腹稿放在一边，一点用都没有了。"周恩来跟基辛格讲的第

第二章
危机中的领导者

一句话:"我们始终准备打大仗,我们奉行积极防御,始终准备打大仗,我们准备苏联、美国进攻中国,我们准备苏联占黄河以北,美国占黄河以南。"这第一句话让基辛格大吃一惊,基辛格搞外交飞遍全世界,哪一国领导人会以这种话做开场白?"我们准备美国占一半,苏联占一半",没有这样的场面,基辛格没有见过,基辛格说那一刻所有的腹稿放在一边,弃之无用。

基辛格说:"我只想起了第一句话,回应中国领导人,我的第一句话就是告诉周恩来,美国绝不会进攻中国。"他说:"我说完了第一句话,随即想起了第二句话。"他说:"我又进一步告诉中国总理,你们防备我们的力量可以摆在别的方面,比如说摆在北面。"

他在回忆录里面讲了这些话,第一句话是描绘了现状:中国领导人具有这种令人震惊的高度危机思维。第二句话是基辛格本人的结论:严重的危机感往往使危机本身得以避免。你说第一代领导人有完善的危机处理机制吗?有完善完备的危机处理理论吗?他们没有。但他们有这个意识,虽然危机意识不等于危机理论,更不等于危机处理,但它是任何危机以及危机处理理论不可缺少的思想基础,对我们尤其珍贵。

如果没有这个魂,别的都是皮肉,很难附着。这是魂,你有了这个魂,其他的机制、条文都附加在你的结构上,成为有生命力的东西;如果没有这个魂,就不能赋予这样的生命力。危机处理理论,绝不单单是理论的问题,也绝不单单是通过这个理论建立一种机制的问题,关键最终需要有这样一种魂——危机意识、忧患意识。

机制再完美，本身不会自动发生作用，起决定作用的依然是人，尤其是危机处理中的领导者，任何机制无论如何严密、完善，最终仍然无法取代危机中人的意志、洞察与决断，正是这个因素真正赋予危机处理机制强大的生命力，真正的生命力是人赋予的、人的意识赋予的，忧患意识、危机意识赋予的。

在这里，我给大家引用陆绍珩的《醉古堂剑扫》中的几句话。我觉得他的话可以作为领导干部在今天和未来的领导岗位上面应对危机的时候应该把握的四点：第一句，君子对青天而惧；第二句，闻雷霆不惊；第三句，履平地而恐；第四句，涉风波不疑。所谓面青天而惧，人要有所畏惧，什么也不怕，无所畏惧，没有什么东西罩得住你，那你就为所欲为了，必然给你带来灾难。人在顺境中一定要有所畏惧，但是灾难到来的时候要闻雷霆不惊，真正大考验大灾难到来的时候，任何胆怯、害怕都帮不了你。履平地而恐，处于顺境的时候你要注意，就像美军的二十二条军规里面讲的，好走的路总会被埋上地雷，你看路很平，其实很危险。但是风波到来的时候要触风波不疑。这是做人的标准、做事的标准，最终是危机中的领导者的标准。

危机处理，与其说是一种技能，不如说是一种方法，就是通过危机处理这种理论的产生教我们一种思想的方法。危机，与其说是一种灾难，不如说是一种检验。危机对民族、单位、个人、集体做出最严格的检验，平常体检都是好的，一到运动的时候，毛病就出来了，危机就是这样的检验。

第二章
危机中的领导者

　　问题是带人走出困境的最好向导，危机是教人进行创造的最好的老师。危机给我们提供了什么呢？我们从今天看，中国走向未来，就需要这样一批决策机构，需要这样一批高度爱国、受过良好教育训练、有丰富的实践经验、善于思考又敢于担当的干部队伍在大发展、大变革的关键时期担当重任。这是给领导讲的危机中的领导者条件的排序：第一条件，高度爱国；第二条件，受过良好的教育训练；第三条件，有丰富的实践经验；第四条件，善于思考又敢于担当。这样的干部队伍才能在我们大发展、大变革的关键时期担当重任，成为引导中华民族全面建成小康社会和实现民族复兴的，在这个过程中克服种种风浪、应对种种危机的真正的领导者。

第三章

领导者的战略思维

在战略思维过程中，始终要面对威胁评估，始终要筹划力量的运用，始终要思考优劣转换。作为谋取优势、争夺主导的精神活动，战略思维较量表现的矛盾对抗贯穿整个战略思维过程的始终。战略本身就是对机遇的寻找、把握和利用。机遇是一种无形的资源，把握机遇就要把握不确定性。大多数人讨厌不确定性，真正高超的领导艺术恰恰是利用不确定性。越是存在不确定性，主观能动性发挥的空间也就越大。

权力是衡量领导干部的标尺

毛泽东在党的七大上所做的结论中说过:"坐在指挥台上,如果什么也看不见,就不能叫领导。坐在指挥台上,只看见地平线上已经出现的大量的普遍的东西,那是平平常常的,也不能算领导。只有当还没有出现大量的明显的东西的时候,当桅杆顶刚刚露出的时候,就能看出这是要发展成为大量的普遍的东西,并能掌握住它,这才叫领导。"可见领导者主要是对未来应有科学的预见,如果不能做到这一点,就不能成为有效的领导。

索福克勒斯说过:"世间最难以揣测的事物,莫过于人的思想和心灵。要想看清楚一个人,最好的方法是将权杖塞到他的手里,看他如何行权号令。"权力是衡量领导干部的标尺,整体中要把握关键,对抗中要保持原则。赫鲁晓夫在斯大林时代是个普通的政治委员,不显山不露水,根本看不出有什么恶习、有什么喜怒,就是跟着斯大林走,为斯大林欢呼。斯大林去世后,他开始和马林科夫争权,最后当选苏联总理,成为苏联第一把手。

在1960年10月联合国大会会议期间,当菲律宾代表发言抨击苏联在东欧的作为正是他们所反对的殖民主义作为时,赫鲁晓夫脱下皮鞋,敲打桌子,表示抗议。全世界大哗。

外交场合中,我们反复强调外交礼仪,不能大声说话,不能随地吐痰,西装、领带要按规范打理。我们讲了很多礼仪,还专门开了礼仪课。赫鲁晓夫在那种场合,用皮鞋后跟敲桌子,属全世界大忌。

美国人到现在还在回忆,赫鲁晓夫当年敲桌子用的皮鞋到底是他自己的还是旁边苏联外交部部长葛罗米柯脱下来递给他的。研究有关赫鲁晓夫拿皮鞋敲桌子的事情产生的国际政治的课题,说不定都能评硕士、博士。

后来赫鲁晓夫跟别人说过:"我是一个矿工的儿子,我永远不会做资产阶级的政客,我必须用这种方式表达自己的愤怒。"在斯大林时期,他还是苏共中央政治局委员的时候,没看出来他有什么问题。当斯大林时期过去,他的个性极度地张扬,这就是人的本质在权力中尽显。

例如,撒切尔夫人如果没有当选英国首相,可能就是一个标准的贤妻良母,当选英国首相后,被誉为"铁娘子"。

1981年,阿根廷总统加尔铁里命令收复马尔维纳斯群岛①——英国人叫它福克兰群岛。

---

① 马尔维纳斯群岛战争,简称马岛战争,或称福克兰群岛战争,是1982年4月到6月英国和阿根廷为争夺马岛的主权而爆发的一场战争,最后英军获胜并重新占领该群岛。——编者注

第三章
领导者的战略思维

当时的英国国防大臣诺顿张皇失措地向撒切尔夫人报告："糟了，他们的舰艇已经去了，我们来不及了。"

阿根廷距马尔维纳斯群岛不过几百千米，英国却远隔一万三千千米，完全来不及。诺顿向撒切尔夫人汇报，说这几个岛丢定了。撒切尔夫人只讲一句话："这几个岛是我们的，必须把它们拿回来。"

整个英国的国家机器根据这句话开始运作。

撒切尔夫人从没当过兵，没有任何军事经验，但对武装力量的运用超过了许多男人。国防大臣张皇失措的同时，英国联合参谋部参谋长、英军的上将也给撒切尔夫人建议："距离太远，这场战争我们很难打赢。"

英国的舰队出发的时候，美国国防部长温伯格专门从美国飞往英国，温伯格说："你们的舰队是去巡游的，英国的特遣联合舰队阵容浩大，还没到，就能把阿根廷人吓回去。"撒切尔夫人对手下的人说："你们不是去武装巡游，你们是去进行一次严重的战斗。"

一个从未当过兵的人对战争的感觉如此之好，不知这种能力是从哪儿获得的。她也有最困难的时候，当英国的"挑战者"号运输舰被阿根廷的飞机发射鱼雷击中，正在下沉时，舰上有十九架英军的鹞式飞机来不及起飞。接到这个电报时，撒切尔夫人称："这是我一生中最黑暗的时候。"如果这条船沉没了，十九架鹞式飞机会跟着沉入海底，英国人在南大西洋的空中优势将大大折损，仗就很难打胜，周围人都在看笑话。

撒切尔夫人称其为一生中最黑暗的时候，同时也是她一生中最光荣的时刻。间隔24小时,在"挑战者"号运输舰沉没之前,那十九架鹞式飞机垂直起降,全部飞了起来。

撒切尔夫人如果没有成为英国首相,由另一个人担任英国首相,那几个岛估计全丢了,正因为这位女士成了英国首相,人的本质在权力中尽显。这就是索福克勒斯讲的,要想看清楚一个人,最好的方法是将权杖塞到他的手里,看他如何行权号令。人的本质在权力中尽显。

积累必须在到达高位之前完成

党的十八大结束以来，全世界对习近平主席的领导力都留下了深刻印象。习主席回忆当年在农村的经历时，曾经说过："我那些书都是在陕北窑洞里看的，总参作战部副部长雷英夫的两个儿子，一个雷平生、一个雷榕生，与我一起插队，他俩带着一铁皮箱子书。《岛屿战争——太平洋争夺战》《隆美尔战时文件》《第二次世界大战回忆录》，还有《欧洲争夺战》，当时什么都没有，就看书。旁边清华附中插队的同志，他们还有一堆书，黑格尔的、洛克的、尼采的，我们互相交换。我们这边雷英夫的儿子拿的是一大堆军事书，他们的是政治哲学书，互相交换看书，为了解世界看书。"

我觉得这是人的本质在权力中尽显。有些人起初没有权力，有权力后为家属、为子女、为亲戚，一门心思想光宗耀祖，积累财富传给后代，都可以叫人的本质在权力中尽显。习主席的那些书都是在延安窑洞里看的，"为了解世界看书"，这就是积累，领导者到达高位之前的积累至关重要。

领导者在到达高位之前必须完成积累。如果在初期没看书，到了中央党校才开始看书，那就晚了。当你是小人物的时候没有看书，当你成大人物后，看书也晚了。大人物没时间看书。你最卑微、最没地位、最不重要、最不被人看中的时候，是你时间最多的时候，你有时间去体会，之后就很难有了。高位是运用积累的，不是进行积累的。当你到达领导的位置时，你说"我来学习学习"，晚了。积累必须在到达高位之前完成，这就是真正的领导者。

领导位置是你学习的地方吗？这是你决策的地方。你到这儿开始学习，熟悉情况，然后才尝试决策，你的单位、你的国家、你的民族将付出极其高的代价为你支付学费。

有人开玩笑说，领导多好当啊，有人端茶送水，有人起草稿子，照着念就行，上下车有人拉门，日程全部有人安排好了，别的事都干不了，只好当领导。但这是什么样的领导？什么样的人才会成为这样的领导？没有积累，既不知历史，也不知利害，既没有领导的修为，也没有领导的责任，这样尸位素餐的领导者能有什么样的作为，会有什么样的下场？当然，从领导好当这个角度来看，凡事"拍"出来的领导是好当：做出决策，拍脑袋；眉头一皱，计上心来；交代任务，拍肩膀，老兄，这事儿交你身上了；领受任务，拍胸脯说，绝对没问题，这事儿我搞定；出了问题拍桌子，怎么把事搞成这样了？不可收拾时，拍屁股，这事儿跟我没关系，都是他们惹的；最后回顾，拍了拍大腿，早知如此，何必当初？不行就拍嘛，拍脑袋，拍肩膀，拍胸脯，拍桌子，拍屁股，一直到拍大腿。

很多人以为领导好当，指的是当这种领导，但我们看好的领导者

第三章
领导者的战略思维

是最难当的领导者,难在哪儿?陆绍珩的《醉古堂剑扫》里面有一句话,很适合那些有积累、有素养、有眼光、有决断能力的领导者:"君子对青天而惧,闻雷霆而不惊,履平地而恐,涉风波不疑。"对青天而惧,人一生一世要有所畏惧;闻雷声不惊,真正的灾难到来时,坚定不屈;履平地而恐,处境很顺,千万注意,看似很平的路实则有危险;涉风波不疑,真正的风波到来了,信念坚定,全力以赴。

我们学校曾经有一个挺老实的人,他姓白,别人叫他小白,老受欺负。有一次下班坐班车,我坐在倒数第二排,他坐在最后一排。我说:"你别太老实了,太老实,别人老欺负你,何必呢?你该反击就反击,不然太老实老吃亏。"他当时回应了一句话,过去将近二十年了,我到现在还记得,他说:"我就这样,反正我就是老实人,人善人欺天不欺,人恶人怕天不怕。"

我觉得这小伙子挺好,他有主心骨。我就是老实人,我就这样,爱欺就欺,反正我不改变自己,我相信"人善人欺天不欺,人恶人怕天不怕"。人一定要知道很多东西不只是由自己主导,还有一个更强大的东西,你必须有所畏惧。这里的小白知道自己,亦有所坚持。

反过来,真正的强者,也应该知道自己并有所坚持。真正的强者面临困难时,并非弱小,应该是大无畏的,所谓泰山崩于前而色不变,麋鹿兴于左而目不瞬,前者是勇气,后者可以说是专注。

思维的力量对世界的震撼

今天领导者太多了，合格的有几个？一定要力争做一个合格的领导。我们崇尚马克思，西方哲学、西方社会学也崇尚马克斯。我们崇尚的是卡尔·马克思，他们崇尚的是马克斯·韦伯[①]。

马克斯·韦伯讲真正政治家的三个禀赋：

第一，对认定的价值目标的献身热忱；

第二，使命感与实现使命必需的责任伦理；

第三，超越感情的冷静判断和深刻洞察能力。

对于认定的价值目标的献身热忱，如果都是利益驱动，都是为了赚钱，都是为了物质，你如何有献身热忱？使命感与实现使命感必需的责任伦理，是你完成使命的限度，不是不惜一切、不择手

[①] 马克斯·韦伯（1864—1920），德国社会学家、政治学家、经济学家、哲学家。韦伯曾就读于海德堡大学，后在柏林大学、维也纳大学、慕尼黑大学等大学任教，对于当时德国的政界影响极大。他曾前往凡尔赛会议代表德国进行谈判，并且参与了魏玛共和国宪法的起草与设计。著有《新教伦理与资本主义精神》《宗教社会学论文集》《经济与社会》等。其弟弟为德国另一位著名的经济学家阿尔弗雷德·韦伯。——编者注

第三章
领导者的战略思维

段，这里面有必需的责任伦理。超越感情的冷静判断和深刻洞察力，这个很好理解，也是对领导者一个很高的要求。这就是马克斯·韦伯强调的："政治家在工具理性的行动中，追求价值理性的神圣目标。"

马克思也说过："真正的领导者、政治家在工具理性的巡游中，追求价值理性的神圣。"工具理性要求你现实，你必须现实，你往往不能对抗，韬光养晦就是工具理性，光彩都被藏起来了；卧薪尝胆就是工具理性，通过这个工具理性达成目标。工具理性本身不是目的，越王勾践卧薪尝胆，他的最终目标是什么？是要恢复他的国家，要灭掉吴国。

你可以有很多操作的东西，但是你追求的是价值理性的神圣。只有理想，事都是空的，无法操作，志大才疏。你要有操作、运作的本事，这一点非常现实，但不是毫无道德底线、毫无价值驱动，同时也应有理想，这是两者结合的问题。无论工具理性也好，价值理性也好，都是展示这种领导者思维的力量。

我们要特别注意精神的力量。

讲过马克斯·韦伯的话，我们再看看卡尔·马克思有什么东西。

卡尔·马克思写《资本论》的时候，穷困潦倒，交不起房租，多次被房东撵得搬家，衣食住行都成问题，当时没人觉得这个整天泡在图书馆的《莱茵报》①前编辑有什么力量。连房租都交不起,连老婆和孩子都养活不了,还得靠恩格斯接济,你说他哪有力量?但马克思主义掀翻了多少王座,颠覆了多少独裁者,解放了多少民众,改变了多少国家和民族的命运!你说他有没有力量?那是翻天覆地的力量、思维的力量、思想的力量。

2008年爆发金融危机,西方的经济学领域有多少人开始从《资本论》中寻找走出危机的困境?

2009年5月,国务院副总理王岐山同志在英国有一次关于金融的精彩演讲。后来有一次遇到王岐山同志,我就问他:"2009年那次在英国的演说特别精彩,你怎么还忘了讲稿呢?"他说:"那是我故意的,我哪能忘了讲稿?"当时,王岐山同志上台第一句话,一摸:"哎哟,我今天的讲稿忘带了。"全场哄堂大笑。王岐山同志说:"那行了,那我今天开始按照自己的意愿讲话吧。"他是早就准备好了。王岐山同志看似临场发挥在上面讲,讲资本的贪婪,讲马克思的《资本论》所揭示的资本贪婪所导致的世界问题。底下的财长,听中国这位副总理教训,用马克思的《资本论》教训他们,资本贪婪会引发世界的混乱。我觉得这就是马克思思维至今影响世界的力

---

①《莱茵政治、商业和工业日报》的简称,1842年1月1日在德国科隆创刊,由当时莱茵省反对普鲁士专制政体倾向的资产阶级人士主办。马克思自当年4月开始参加撰稿,10月15日起担任主编,自此《莱茵报》日益具有明显的革命民主主义的倾向,影响越来越大,引起了普鲁士政府的恐惧和反动报纸的攻击。为了抗议普鲁士政府的书报检查制度和报社股东的妥协企图,马克思于1843年3月17日声明退出该报编辑部。1843年3月31日,该报被封禁停刊。——编者注

第三章
领导者的战略思维

量,是思想的力量。

甘地没有一兵一卒,没有办事处,没有权力,随身带只山羊,以羊奶为食,周游贫困的乡村和污秽的城市,以自己蒙受苦难的方式唤起别人的觉醒。就是这个看似弱不禁风、衣着单薄、终身主张非暴力的人,却摧毁了大英帝国在印度的殖民体系,你说这个人没有力量?不论你怎么打,他绝不反抗,非暴力抵抗。

罗曼·罗兰评论说,这是一位唤醒了三亿人的反抗精神,动摇了英帝国的基础,将两千年强大的宗教动力引入人类政治的人。

这就是精神的力量。

爱因斯坦最后由衷地赞叹,我们下一代子孙恐怕很难相信,世界上真正有过这样一个人,这么弱小的人,表现出这么强劲的思想,这么疲惫的躯体里面有这样坚强的思想,非常厉害啊!

相当长一段时间里,我们特别注重物质对世界的改进,往往轻视了思想对世界的震撼力。物质改变了地球的表面,但人类的思想对世界有着翻天覆地的震撼力。

思维是一种力量。思维有两种,一种是形象思维,另一种是抽象思维。艺术家属于形象思维者,他们产生直接的感受和体验,从行为上感性;哲学家使用间接的概括和推理、判断,很多都是属于抽象思维者。而战略思维既包含形象思维,又包含抽象思维,不过更多的是来自抽象思维,来自间接的概括和推理、判断,依托直接的感受和体验。战略思维是指为宏观整体的长远建设来认识把握全局的思想方法。如果加以概括,战略思维是指思维主体对关系全局的、长远的、根本性的重大问题进行分析、预见、谋划、研判，并由此形成战略思想、战略规划和战略决策的思维活动。

如果分析、预见、谋划、研判半天，最后一无所得，那就是空想思维，不是战略思维。战略思维最后一定会形成战略思想、战略规划和战略决策这样完整的思维活动。切忌以眼前利益遮蔽未来、以任内利益替代长远利益、以集团利益超过国家利益。一些领导的"战略思维"就是将任内资源花光，由后面人去偿还，千万不要出事，只求稳定，不解决矛盾都可以，我死后，管他后面洪水滔天，这类思维不能称为战略思维。

战略思维要高于政略思维。政略就是当前的政策、当前的要求。战略追求中长期，追求国家长治久安，政略在于眼前我这一任。我的最高目标是什么？这与站在更高更长远层面的战略思维完全不一样。战略思维是为宏观总体的长远建设来认识把握全局的思想方法，而不是为我这一任来认识把握全局的思想方法。

如果以对职业的期待回报的不同来区分：钟点工，一天就期待回报；职业经理，一年就期待回报；政治人物，五年内要求回报；战略人物，五十年产生回报。

所以，你看，干一天活儿期待回报的，那是钟点工；一年期待回报的，是职业经理，这一年怎么也得做出业绩啊；五年要求回报的，是企业家、政治人物；战略人物，五十年回报，可能是五十年，也可能是二十年、三十年、四十年，也可能是一百年。这之间的差

第三章
领导者的战略思维

距甚远，完全不一样。战略思维绝不是追求钟点工的效率，绝不是追求职业经理的业绩，绝不是政治人物任期内的追求和保护，它是中长期的追求。这个追求跟短期的是不一样的。

伊拉克战争对美国经济的影响

2002年11月,美军正在紧锣密鼓地准备伊拉克战争的时候,美国著名的战略人物塞缪尔·亨廷顿[①]极力反对进行伊拉克战争。2003年3月20日,伊拉克战争正式开打,日本《朝日新闻》"时说"的记者采访他。

问:你反对美国单独在伊拉克采取行动吗?

答:我反对。

问:美国是否在参考第二次世界大战后占领日本的方式,制订占领伊拉克的计划?

答:这是无稽之谈。伊拉克不具备当时日本天皇制绝对权威的基础,美国不管用谁来取代侯赛因,都不可能拥有绝对的权威。伊拉克有许多教派,这与日本有很大的不同。阿富汗卡尔扎伊政

[①] 塞缪尔·亨廷顿(1927—2008),美国当代政治学家,因主张《文明冲突论》而闻名于世。——编者注

第三章
领导者的战略思维

府为团结各民族领导人费尽心机,伊拉克新政权将面临比阿富汗更大的困难。

问:布什政府内有人想在战后的中东建立新秩序,是吗?

答:如果爆发战争,美国会在短时间内取胜。伊拉克国民恐怕会欢迎驱逐侯赛因,但是半年以后,伊拉克国民就会要求把美国人赶出伊拉克,出现针对美国占领军的抵抗运动。反美斗争会演变成权力斗争,伊拉克会陷入无秩序状态。伊拉克的混乱将影响到土耳其、伊朗、科威特、沙特阿拉伯,中东会陷入不稳定状态。

全部言中。

但当年美国准备发动伊拉克战争的时候,根本没人听他的,都在追求眼前的效益,眼前的效益就是推翻萨达姆,绞死他。这是政略,不是战略。忽视那个严重的警告,美国陷入巨大的灾难,当时亨廷顿是孤家寡人,只有个别人听他的。

当时,布什总统发表了52分钟的演说,43次鼓掌,平均每分钟鼓掌一次;28次起立鼓掌,平均每两分钟站起来鼓掌一次,全面欢呼。

142个国家冻结涉嫌恐怖组织的财产,89个国家同意美军飞机飞越其领空,76个国家给予美军飞机紧急着陆权,26个国家为美国提供通道、基地、飞越领空权。全世界跟美国在一起,连美国现在最头疼的反美最厉害的俄罗斯总统普京,当年第一个给小布什打电话,说跟美国站在一起。当年有多少中国人声称"今夜我是美国人"。全世界跟美国站在一起，不可一世。美国正处于一个独一无二的地位，营造全球霸权地位，那么有优越感。亨廷顿一个人站在那里，孤零零地站队，全美阵势一边倒。

伊拉克战争过后十几年，美国前副国务卿阿米蒂齐总结到，十年来美国把精力集中在反恐战争这个非常狭窄的局部问题上，向全世界输出怒火与恐怖，深深陷入对阿富汗和伊拉克的战争，消耗了自己的经济实力和金融实力，使美国的全球领导能力发生了动摇。

2015年6月，我到美国参加一系列的战略会谈，临走的时候接待我的驻美武官问我："金教授，请你评论一下你这次到美国的感受。"美国，我去了大约七次，这一次是2015年，上一次是2008年，再上一次是2006年，再往前是2003年、2001年、1997年。我1997年第一次到美国，惊得目瞪口呆。当时飞机在肯尼迪机场着陆，美国人晚上不关灯，全城一片灯火，灯光的面积之大，看得我目瞪口呆。什么叫超级大国？太厉害了。这回也是在肯尼迪机场着陆，跑道瑰丽。这一回是前去与金戈会谈，他在马克顿。我们在高速公路上看到的景象与之前的印象完全不一样，隔离带被撞断了，也被撞弯了，无人修理，在这样的公路上行车颠簸得很厉害。后来美国人跟我讲纽约为什么有那么多SUV，是因为路太颠了，路况太差了，一般的轿车受不了。我说："怎么没修啊？"他说，到纽约的那座铁桥上生锈了还流水，铁桥锈迹斑斑，底下垃圾成片。后来我们在美国战略分析中心会谈，我问美国怎么搞成这样子了，以前不是这样

第三章
领导者的战略思维

的。战略分析中心的人跟我讲，打了十年仗没钱了，伊拉克战争、阿富汗战争，直接军事费用1万亿美元，间接费用3万亿美元。2008年金融危机，恰逢美国财政严重亏空。你看这场伊拉克战争给美国造成了多大的消耗。

劳伦斯·斯宾奈特曾在《战略与成本：美军军事决策程序中的缺口》中提道："在那场糟糕透顶的伊拉克战争中，联合空中作战中心主任授权动用价值3500万美元的F/A-18战斗机，从价值25亿美元的航空母舰起飞，飞往仅有一名持AK-47自动步枪的叛乱分子藏匿地，空投价值20万美元的激光制导武器。而我们的敌人只用旧炮弹与一部手机就造出简易爆炸装置，炸毁我们价值18万美元的悍马军车。他们在非对称作战中可谓登峰造极。"

美国在伊拉克战争上跌了个大跟头，吃了大亏，十年都缓不过劲来。当时一个叫斯里曼的总结说，战略上的战争是讲究成本的。美国为此付出的成本太大，战略上一开始就错了。在战争期间，布热津斯基这样评论三位美国总统错失的美国机遇：

老布什是一个超级危机管理家，却不是一个战略设计家。他在非传统的环境中奉行传统政策，却未能给"世界新秩序"口号提供任何实质性内涵，其因循守旧使美国丧失了历史赋予的机遇。

克林顿极具领导才能和领袖气质，却缺乏战略进取心。当时美国没有全球性对手，但他没有利用历史赋予的时机扭转那些隐约出现的危机，而是表现出一种善意的无能，使美国再失机遇。

小布什具备强劲的勇气，却缺乏对复杂世界的了解。"9·11"

事件给美国一个锻造全球同盟的难得时机，但其灾难性领导导致的单边主义仅五年就破坏了美国地缘政治优势，误解了这个历史性时刻。

老布什是英雄守旧，克林顿是善意的无能，小布什是灾难性领导。结论是，冷战后，三位总统都缺乏把握失败精神的战略悟性，导致美国一败再败。

不同的战略文化，产生不同的战略思维

领导者错误的战略思维，使美国一次次地错失机会。而在这期间，美国忙于战争，中国在高速发展。在美国错失机遇的十年里，中国共产党开了两届党代会：党的十六大、十七大。

党的十六大报告："综观全局，21世纪头二十年，对我国来说，是一个必须紧紧抓住并且可以大有作为的重要战略机遇期。"

党的十七大报告："全面建设小康社会是党和国家到2020年的奋斗目标，是全国各族人民的根本利益所在。"

我们全力发展，我们突飞猛进。

美国人说，他们忙着打仗，我们都在搞建设，我们占大便宜了。美国今天对我们的围堵，是对它丧失了十年机遇的一种调整。从这一点，我们充分地看到这种领导者的战略思维所带来的不一样的机遇。

那么战略思维的实质是什么呢？主要注意以下三点：

第一，战略问题与战略思维的关系。存在决定意识。有战略问

题，才有战略思维，战略思维的出发点是一定要有问题。没有问题，你就无的放矢。没有目标，射什么箭？有思维聚焦点，有问题，才有战略思维。战略问题的变化与发展，决定战略思维的变化与发展，如果不能认识到战略问题，就不可能产生战略思维。

第二，战略思想与战略思维的区别。我们有毛泽东思想，有邓小平理论，有"三个代表"重要思想，有科学发展观，有很多战略思想，我们还需要战略思维吗？思想是头脑中的一种客观存在，思维却是永不止息的。

英文中的"思想"用的是完成式——thought，"思维"用的是进行时——thinking，是过程。

思维阶段性的固定成果称为思想。思维是永不止息的，永远不停止，永远是进行时，所以说战略思维和战略思想有很大的区别。

第三，战略文化与战略思维的关系。不同的战略文化，战略思维也是不一样的。

比如说我们中华文化爱好和平的传统、温良恭俭让的传统、慎用武力的传统。《孙子兵法》讲，兵者国之大事，死生之地，存亡之道，不可不察。用兵非同小可，死生之地，存亡之道。

这是我们中华文化的传统，或者说主流传统。虽然《孙子兵法》流行全世界，但你不要以为全世界都是一样的传统。为什么美国动不动就打？美国用兵从来没有到"死生之地，存亡之道"的地步，他们觉得武力是最便宜的办法，谈判费唇费舌，太费劲了，等打不下来再谈。

第三章
领导者的战略思维

　　双方文化存在巨大的差异，如果我们以为《孙子兵法》放之四海而皆准，那就大错特错。对方的理念跟我们的完全不一样。美国的文化传统是什么？崇尚武力传统，开拓扩张的传统，天降大任的传统。老子天下第一，我就是山顶上的灯塔，你们都是仰望灯塔的万民。

　　美国多次发生枪击案。我印象最深的是2007年韩国人赵承熙造成的恶性校园枪击案，当时死了33个美国人，最后他自杀身亡，结果是34个人死了。

　　那次枪击案过后，美国讨论禁枪，讨论得非常激烈。我们中国人就不能够理解他们拿这么多枪干什么。中国人认为，如果大家都没枪，那大家就都平安了。赵承熙制造的枪击案打死了33个人。很多美国人由此得出结论，如果当时我们手里都有枪，他能打死那么多人吗？视角完全不一样，根据同一个事实得到的结论是不一样的。

　　你看，好莱坞电影、美剧与中国的辫子戏相差很多。我们清宫的辫子戏里，有大老婆、二老婆、三老婆、四老婆，全是钩心斗角，玩宫斗、玩心眼，你斗我，我斗你。美国影视都是动作片，全是枪战、特工、大场面、外星人。

　　他们和我们不一样。我们是背水风波，不动声色之间，刀光剑影。他们是血肉模糊、枪弹横飞，与我们完全不同。我们一定要注意这种文化差异，思维方式的不同，会直接导致战略思维的不同。

　　2002年11月，我们在国防大学与美国丹佛大学代表团讨论中美关系。中午国防大学宴请，吃到高潮处，该代表团负责人法诺站起来高声祝酒。他说:"美国的装备世界第一,中国的餐饮世界第一,愿我们把各自的第一都保持下去,干杯!"

他太得意了,忘形了,一下讲出了内心所想但不该讲出来的话。当时全场尴尬,他也觉出自己失言了,坐下来后很不自在,用其他很多的话来弥补、缓解,想把刚刚讲的圆过去。"诸位先生,我不是这个意思,绝对不是讽刺大国,没有,完全善意,完全善意,因为你们的饭做得太好吃了。"他解释了很多,后来那餐饭还是吃得很尴尬。到今天2016年,十三年过去了,那餐饭仍历历在目,法诺的话至今在我耳畔回响。外国人来了,好吃、好喝、好玩、好住、好送,我们中国人千方百计想给对方留下好印象,这也没错,中国人好客。但关键是在这些强悍的民族面前留下"餐饮世界第一"的印象,是增强我们的安全还是扩大我们的危险?

我们中国人一定要注意这一点,我们不能凭自己腰包里装满了钱就自立于世界民族之林。如果你没有捍卫自己财富的能力,你以为你经济走在世界第一,你就安全了吗?我们历来吃亏不是因为落后挨打、因为贫穷挨打。落后、贫穷,穷成那样,有人抢街上的乞丐吗?肯定没人抢,乞丐都穷成那样了,你抢他干什么?被抢的是什么人呢?你看大街上,女士很容易被抢——金镯子、金项链,反抗能力差,又有钱。

真正带来灾难的,不是因为你穷,而是因为你富又没有防御能力,就是那句大家当玩笑传的:"这里钱多、人傻,速来。"

清朝是因为落后挨打吗?是因为贫穷挨打吗?当时清朝占世界

第三章
领导者的战略思维

经济总量的三分之一,又是出口丝绸又是出口茶叶,那么富,又没什么防御能力,别人正好来抢你。灾难都是这么来的。所以我们以为只要和平发展了,我们温良恭俭让,我们朝这个方向努力,对谁都没威胁,我们特别地爱和平,反复彰显这一点,你就安全了?没有这个道理。比如我们的南海问题,我们稍微维护我们自己的利益,你看美国就急得一蹦三尺高,这是怎么回事?你从中看它的这个思维,与我们的完全不一样。

今天的中国作为一个世界大国,仅仅凭大熊猫、兵马俑、万里长城、满汉全席、孔子学院等立足于世界,行不行?印度大文豪泰戈尔讲过一句话:"冲突与征服的精神是西方民族主义的根源和核心,它的基础不是社会合作。"这句话非常值得我们牢记。在强手如林的当今世界,不彰显中华民族的血性,就无法在世界民族之林获取我们的一席之地。

1972年,尼克松访华。毛泽东与他会谈,他屁股坐半个沙发,身体前弓,听着毛泽东的教诲。这非常符合我们民族的谦恭传统,中国感觉到极大的满足。美国总统尼克松为什么在毛泽东面前是这种情景?后来我们访美,看到美方披露的一封美国人写的资料,资料里面记录了尼克松访华的细节。1972年2月,尼克松访华,先在夏威夷倒了一天的时差。倒时差时尼克松没有闲着,而是看基辛格提供的大量有关中国的资料。基辛格已经来过了,对中国领导人的性格、会谈方式都有所了解,便向尼克松写了详细的汇报。尼克松一边看资料，一边在考虑怎么跟中国领导人会谈。他拿一个小本子，写了一些话，嘱咐自己，马上要跟毛泽东、周恩来会面了，对与毛泽东会面的要诀他写了几条：

Treat him as Emperor.（对待他像对待皇帝一样。）

第一条，Don't quarrel.（不要争论。）在毛泽东面前，不要争论，听他说，别吵。

第二条，Don't praise him (too much).（不要赞扬他。）为什么？他获得的赞扬太多了，中国那么多人在那儿，他再说什么也是白说，所以别再赞扬他。

第三条，Praise the people, art, ancient.（赞扬人民，赞扬艺术、历史。）

第四条，Praise poems.（赞扬毛泽东写的诗词。）当时他学了一句诗，还真就用上了。毛泽东讲："我原来说了，跟美国争论一万年，鉴于你来访问，我们减一百年，跟美国争论九千九百年。"

尼克松说："主席，你的诗句写了，'一万年太久，只争朝夕'。"只学了这么一句"一万年太久，只争朝夕"，他就把这一句话用上了。

尼克松那场会谈，充分考虑到中国的要求。双方约定，不做任何文字记录。中方秉承这一套，没有做任何文字记录，美方的文字录音全部不许进场，结果我们却看见了美方完整的文字记录。我不知道他是怎么记录的、通过什么手段记录的，全部内容，包括括号，毛泽东笑、毛泽东哈哈大笑，连表情描述都有。你说美国是怎么弄的，他是用技术设备把会谈内容全部记录下来了。这就是美国表面的承诺和实际的做派。当然，从另外一个角度来说，如果没有美国

第三章
领导者的战略思维

人的记录，我们也不知道当时会谈的细节。通过这些细节，我们可以看到领导者的战略思维。

还有第五条，Love of country.要表示他对这个国家的热爱，爱中国，爱中国文化、万里长征、满汉全席。

尼克松为什么这么做？坐半个沙发，这么谦恭，又是背诗词，又是"主席""主席"不离口，他为什么这么谦恭？那个小本子的反面有两段话：第一段是手段，第二段是目的。

第一是如何从越战中脱身，第二是如何对付新兴强大的苏联。

这需要中国人帮助，所以一万年太久，只争朝夕就可以了。这是战略，我们有"中国人民的老朋友"之说，基辛格、波尔基斯基（音）说，尼克松死了，活着的时候肯定是中国人这边的老朋友。再过一段时间，说不定小布什都会变成"中国人民的老朋友"。我们特别重视感情。你到美国去看看，哪有一个美国人民的老朋友？一个都没有。我们一大堆"中国人民的老朋友"，什么时候来了，都是带着博弈之心。我们去了以后，他们都是无所谓的，因为他们没有"美国人民的老朋友"。你在台上，我们打交道，问几个问题；你下台了，解决不了问题，我找你干吗？这就是美式实用主义。美国战略思维非常注重美式实用主义。在战略思维中，一定要注意文化差别，文化有差异，战略思维完全是不一样的。

善于维护利益，才能得到对方的尊重

1989年，新中国成立四十年，我们的《辞海》里关于"国家"的词汇有国家元首、国家制度、国家计划、国家机关、国家机器、国家权力、国家预算、国家投资、国家财产、国家积累、国家标准、国家信用、国家结构、国家战略、国家起源、国家秘密、国家消亡、国家职能、国家基金、国家储备，但没有收入"国家利益"这个词汇。1999年，《辞海》刚刚加进"国家利益""国家安全"这些词。我们中国人长期以来不重利益，重关系。中国人的关系含义极深，没关系，什么事都干不成，所以英文就采用"关系"的拼音，组成了一个新的英文词汇，跟中国人打交道必须注重关系。

我们外交也是这样。外交是搞好关系，顾全大局，要维护中美关系大局，要维护中日关系大局。这个大局是什么呢？美国人不知道，日本人也不知道，他们都在维护他们的利益。我们想维护大局，大局是什么呢？其实我们讲的大局就是别出事，双方平平安安的、顺顺畅畅的，和平交往，这就是大局。

人家是维护利益，没出事时要维护利益，哪怕出了事也要维护

第三章
领导者的战略思维

利益。我们所谓的大局，关系不出事就是顾全大局。所以在维护国家利益方面，战略思维不应以关系为核心，而应以国家利益为核心。

文化上，我们特别注重礼仪之邦君子之道。"君子喻于义，小人喻于利"，讲利益的都是小人，君子讲义。义是很空泛的概念，搞好关系就是很大的义？我们常对利益不重视，对关系非常重视，这是我们战略思维非常大的失败。

国家之间的关系充满变数，最终取决于各国力量的此消彼长和国际大势的发展变化。国家与国家之间的关系好坏永远是相对的，只有国家利益是永恒的。如果我们片面谋取安宁，这种和平可能是不完善的，付出的代价是失去未来的主动权。

这就是领导者的战略思维。

今天，中美进行战略对话，我们确保中美关系长期健康稳定、向前发展，很重要的一条是相互理解、尊重和支持对方，维护自己的和平。我们是很善意的，但是一厢情愿。我们要求双方一定要相互理解、支持对方的核心利益，让我们不解的是，美国为什么反复不尊重我们的核心利益，老对付我们，在南海问题上，在东海问题上，为什么支持日本、支持菲律宾跟我们捣乱，包括支持在韩国部署萨德。我们的利益呢？前外交部领导说："要顾及别人对我发展的感受和反应。中国稍有不慎，就会成为其他力量打压中国的口实。我们现在是无处说理，有口难辩。"

泰戈尔在《民族主义》中写道："冲突与征服的精神是西方民族主义的根源和核心，它的基础不是社会合作。"中国稍有不慎，就会成为其他势力打压中国的口实，我们现在无处说理，有口难辩。你是领导，你有这种心理，你怎么支撑国家发展？我们亏什么？我们欠谁了？为什么要对自身的发展充满歉意，你有这种心理，还不如印度文学家泰戈尔看得明白。"冲突与征服的精神是西方民族主义的根源和核心，它的基础不是社会合作。"对方是一定要征服的，征服不了再合作。所以你一定要摆出一副对方无法征服的姿态，这才是合作的基础，而不仅仅是说我就是软绵绵的，没有威胁，挺善良的，我戳在这儿，什么危险都没有，你还不跟我合作吗？看你这个样子，他更不能与你合作了，他得榨取更大的利益。

这就是我们今天讲的文化的差别。一定要注意，敢于而且善于维护自己的利益，才能在对方那里得到更大的尊重。跟对手较量，我们必须跨越文化差异。

国家利益是战略思维的出发点

前面我们讲了战略问题、战略思想、战略文化与战略思维的关系，现在我们讲第四个关系：战略能力与战略思维的关系。战略能力是指国家或集团为实现预定的利益目标所能调动和使用的物质力量和精神力量的总和。这种战略能力是把国家的物质力量和精神力量都合在一起了。我们要特别注重物质力量，但绝不能轻视精神力量。

美国中央情报局前副局长克莱因在中央情报局工作时毫无建树，退休了，搞了一个克莱因方程使他享誉全球。克莱因方程式非常简单：$Pp=(C+E+M)×(S+W)$，即国力=（资源力+经济实力+军事实力）×（国家战略+国家意志）。公式并不复杂，道理十分深刻。后来我们有些部门也搞了一个公式，比克莱因方程更细，细到什么程度？把家庭收入、子女教育、人口构成全部列入了。搞了好几页纸，反过来丢掉了克莱因国力方程的精髓。硬实力乘以软实力等于国力。软实力是什么呢？是国力的倍增器或国力的衰减器或国力的终结器。一个国家不是有资源、有经济力、有军事力量就有力量，有没有国家战略？有没有国家意志？如果没有，一切皆空。因为任何实数乘以零等于零。然后，如果国家战略加国家意志小于1，那就是国力的衰减器；结果大于1，就是国力的倍增器。

从旧中国到新中国，就从1949年到1950年来看，差异多大啊！1949年我们钢产量16万吨，平均每人不到4两，这么大的钢产量！1950年人均钢产量并没有与1949年有多大差异。但是西方的感觉呢？1949年，称中国为"典型的东亚病夫"，1950年称"红色中国"，支援朝鲜的行动太可怕了。国家战略、国家意志有时候使你非常有限的硬实力得到极度的放大。这就是软实力。

如果没有软实力，其结果是显而易见的，比如说，清朝资源力、经济力包括军事力都是不错的，常规军都有100多万，但国家战略、国家意志等于零，所以整个国力等于零。

克莱因方程的精髓在于，由于国家意志在很大程度上主要由代表国家性质权力的领导者表现，领导者本身的历史经验、价值判断、个人感悟和性格特征等主要因素在很大程度上决定战略思维的走向与质量。我们习惯于认为群众是真正的英雄，但是要注意一点，领导者在关键时刻是中流砥柱，我们党的十八大后产生的巨大变化，不管是内政、外交、军事、政治、经济、科技、文化，所有的变化不就是领导班子变化了吗？说到底，就是一两个人的变化。

领导者本身的历史经验、价值判断、个人感悟和性格特征等，极大地影响了国家战略、国家意志，决定国家的未来。

我们2015年访美，在纽约与基辛格会谈，与美国的全国外交官

第三章
领导者的战略思维

救援会在美国海域会议中心会谈，美方上上下下一致认定中国变了。我说："什么叫变了？你们在变，我们也在变啊。"他们说："不是这个意思，你们变了，你们变得跟过去完全不一样了。"他们感觉到中国这种变化使中国的今天与往日完全不一样了。

虽然我们的经济只是有限地增长，但我们党的十八大后，中国的力量跟过去比变得完全不一样了，它所揭示的就是国家的意志和国家的战略能力的作用。

国家利益、战略思维是我讲得最多的，因为这是最重要的一个问题，汉斯·摩根索①说过："只要世界在政治上还是由国家构成的，那么国际政治中最后的语言就只能是国家利益。"这就是国家利益的深刻性所在，国家利益是战略思维的出发点、战略归宿点。如果战略思维不以国家利益为出发点、为归宿点，就不能称为有效的战略思维。有句话大家都耳熟能详：没有永恒的朋友，没有永恒的敌人，只有永恒的利益。知道这句话的人太多了，但是知道这句话是因中国而产生的人太少了。

1840年4月7日至9日，英国下院展开辩论：是否因鸦片贸易而对中国发动一场战争？反对党议员格莱斯顿②发言："我不知道而且

---

① 汉斯·摩根索（1904—1980），犹太人，美国政治学家、国际法学家、国际关系理论大师，国际法学中"权力政治学派"缔造者。——编者注

② 威廉·尤尔特·格莱斯顿（1809—1898），英国政治家，曾四次出任英国首相（1868—1874，1880—1885，1886，1892—1894），推行殖民扩张政策，宣布阿富汗为英国"保护国"，出兵强占埃及。——编者注

也没有读到还有比这场战争更加不义的战争，还有比这场战争更加使我们永久蒙羞的战争。对面这位先生竟然谈起广州上空迎风招展的英国国旗，那面国旗是为了保护臭名远扬的走私贸易！假如它从来没在中国沿海升起过，而现在升起来了，那么我们应当以厌恶的心情把它从那里撤回来。"

格莱斯顿的语言使其他议员深受震动。辩论持续了三天。鸦片被称为"白色金子"，是19世纪最值钱的商品。非法鸦片贸易将英国对中国的巨额贸易赤字变成贸易盈余，数额足以支付英国从中国进口的茶叶款、生产向印度出口的工业制品成本，以及英国殖民统治印度的大部分行政费用。

格莱斯顿为了道义，坚决反对。但这么明显的利益摆在面前，他在道义上的坚决反对只能引起激烈的辩论。

曾说过"绝不怀疑中国政府有权禁止将鸦片输入中国"的外交大臣帕默斯顿，当时却宣称此事涉及维多利亚女王的尊严，并且讲出了他那句名言："我们没有永远的盟友，也没有永远的敌人。永恒的只有利益，我们的职责就是追寻利益。"

最后表决，271票对262票，对华用兵军费案通过，鸦片战争开始。

英国人后来讲9票之差改变远东政治。如果没有这9票之差，鸦片战争打不起来，那清朝还能维持多少年？就因为这9票，清朝崩溃了，战争以革命开始，中国共产党上台，"红色中国"出现。

反对党议员格莱斯顿，随着其走向执政地位，反对鸦片贸易的

第三章
领导者的战略思维

热情也变成了支持鸦片贸易的热情。1860年爆发中英第二次鸦片战争，格莱斯顿由第一次鸦片战争的坚决反对者，摇身一变，成了第二次鸦片战争的狂热鼓吹者。这是利益的区别、国家的悲剧，所以说国家利益是战略思维的出发点和归宿点。

1991年12月苏联解体前夕，戈尔巴乔夫、叶利钦指示国家安全委员会主席巴卡京将美国大使罗伯特·S.施特劳斯请到安全委员会，把他们安装在美国大使馆的窃听器分布图并附带技术说明书一并交给施特劳斯大使。

施特劳斯大使接过资料，说了两句让后来的俄罗斯人万分伤心的话，普京当时虽然没有在现场，但是他牢牢地记住了这两句话。

第一句："非常赞赏你们的做法。"

第二句："我方不会这样做。"

就这两句话，意思是：我方不会把中央情报局安装在你们驻华盛顿大使馆的窃听器并附带技术说明书交给你们作为回报。先生们，你们干得非常好，对不起，我方没有回报，我们还得听你们要干什么，还得继续听。这话让俄罗斯人伤透了心。

从戈尔巴乔夫到叶利钦，毫无疑问，一门心思拥抱西方，全身心扑上去，给西方熊抱。直到1999年科索沃战争发生，叶利钦气得要命，心想，我都做到这一步了，你还与我为敌。戈尔巴乔夫也非常生气。戈尔巴乔夫与西方签署过协议：北约东部以德国东部为界，绝不越过德国。他们亲自签署了协议，现在他们到哪里来了？波罗的海三国、罗马尼亚、波兰，然后下一步是乌克兰、格鲁吉亚，深入到这些区域来了,你怎么如此不守信用?最后叶利钦瞄准西方,俄罗斯所有核武器瞄准西方。西方又非常恼火,说叶利钦是他们推出去的民主先生。这位民主先生在俄罗斯最后执政阶段拿核武器瞄准西方。双方看似都很不理解对方,但要是说到双方利益,也就都容易理解了,都是从利益出发。

美国控制世界的手段

2011年，我们提出了中国的国家核心利益。不惜以军事手段捍卫、不惜通过战争来捍卫的利益称为核心利益。美国以前老问我们："你们的核心利益到底是什么？"我们大多数人都不太清楚。

2011年9月6日，国务院的《中国的和平发展》第一次展示中国的国家核心利益有六项：

第一，国家主权；

第二，国家安全；

第三，领土完整；

第四，国家统一；

第五，中国宪法确立的国家政治制度和社会大局稳定；

第六，经济社会可持续发展的基本保障。

这六项作为中国不惜以军事手段维护的国家核心利益。

我们这一次轰动世界。当然，别人的核心利益跟我们的不一样，比如说美国，它的领土早完整了，从来没有领土完整这种问题，国家都统一了，也没有这个问题。这两个是我们的问题。

所以美国的核心利益里没有这两项。美国所提的永久性国家利益有三条：

第一，确保美国的安全和行动自由；

第二，确保获得重要市场和战略资源；

第三，阻止敌对势力控制关键区。

对美国来说，什么主权、安全、领土完整、国家统一、大局问题，都不是问题。它的问题是什么？确保美国在全球的行动自由，想去哪儿就去哪儿，不能有任何阻碍。这就是一个国家政策的出发点和归宿点，都是从自己国家核心利益出发。所以美国的国家利益是公开提出的，不是隐蔽的，不是什么内部文件，标什么"秘密""机密""绝密"字样，没有。向全世界公开，美国要控制世界上16条海上战略通道，必须控制。

在全球八大海峡群中，有16条最为重要的咽喉航道：

大西洋有7条：加勒比海和北美的航道、佛罗里达海峡、斯卡格拉克海峡、卡特加特海峡、好望角航线、巴拿马运河、格陵兰—冰岛—联合王国航道。

地中海有2条：直布罗陀海峡和苏伊士运河。

印度洋有2条：霍尔木兹海峡和曼德海峡。

亚洲有5条：其中3条在东南亚，1条在东北亚，1条在太平洋东北海域。它们分别是马六甲海峡、巽他海峡、望加锡海峡、朝鲜海峡和太平洋上通过阿拉斯加湾的北航线。

这是美国向全世界公布的，必须控制世界上16条战略通道。我

第三章
领导者的战略思维

们中国公布一条试试看,那样"中国威胁论"就来了。中国人要干什么?要统治世界了?而美国公开宣布控制这16条战略通道后,全世界没有一家媒体、一个新闻评论人、一个专栏作家和一个政府的首相、总理在那里说"美国威胁论",好像美国控制就是合理的,而别人控制就是不合理的。这正好应了西方哲学的那句经典语句:"存在即合理。"美国有200多个军事基地,有11支航母编队,所以它合理。你不够格,太小了,所以你不能控制,它可以控制。按照当今的国际秩序,司法公平、正义存在于很多人的脑海中,但并不是现实写照,现实中不是这样的状态。

"六把钥匙锁世界",世界地缘政治中曾有这样一个比喻,意思是,有六个最关键的海上运输通道决定着全世界的能源运输。它们是巴拿马运河、直布罗陀海峡、苏伊士运河、霍尔木兹海峡、曼德海峡和马六甲海峡。这六把钥匙,都挂在美国的屁股上面,在它的控制中。决定全世界石油的走向就是美国的国家利益诉求。

有些人讲,美国是个慈善的地方。它跟俄罗斯不一样,沙俄掠夺中国大片领土;它跟日本帝国主义不一样,日本帝国主义在中国屠城,杀了那么多人。你看美国,没占中国领土,又没有在中国杀人,还归还了"庚子赔款"的部分款项,建了留美预备学校(现清华大学)、协和医院。人家拿你的赔款,办医疗、办教育还回馈你了,它是慈善的帝国。

我们中很多不明就里的人责问为什么我们不能跟美国搞好关系,别的国家都掠夺,就美国对我们最好。美国控制世界的手段跟别人的完全不一样,它不通过占领、殖民来控制,它通过控制世界所有的交通要道、掌控世界经济发展的命脉来控制。在全世界范围内,自波斯帝国以来,到罗马帝国、阿拉伯帝国、奥斯曼帝国,没有一个帝国能达到美国今天对全世界的掌控能力,这是前所未有的。这种掌控不仅包括实体掌控,还有对今天的网络世界——网络的掌控。据斯诺登解密,美国政府通过代号为PRISM的监控项目,直接通过微软、谷歌、雅虎、苹果、脸书等科技公司广泛搜集全世界的信息。

美国对全世界监控级别最高的是伊朗、巴基斯坦,还有叙利亚;第二位是埃及、印度;第三位是中国、德国。为什么对德国监控的级别也这么高?默克尔总理的手机、前总理施罗德的手机都在被监听。因为德国是欧盟的核心,欧盟将来不听话,肯定是德国人从中作祟。今天欧盟大多数人都欠德国人的钱,所以德国在欧盟是个龙头老大,很可能会捣乱。

美国今天不是从意识形态出发。很多人以为美国一门心思想搞垮中国的社会主义。当然,这是美国的一部分目的,但只是一部分,不是全部。德国在冷战期间分成东德、西德。德国深感自己不安全。当时西德经济状况搞得很不错,很有钱,外汇储备、黄金储备量很大,但德国政府不敢把它们放在西德,怕苏维埃红军的装甲狂潮冲过来,全都被抢了。所以德国的外汇储备与黄金储备一部分放在英国央行,另外一部分放在纽约联邦储备银行。后来冷战结束了,苏联解体了,装甲车、坦克都被销毁了。装甲狂潮荡平整个欧洲已经是梦境了,再也不可能发生了。两德也和平统一了。德国就要求把黄金储备从英国

第三章
领导者的战略思维

和美国提回来。英国人腻腻歪歪的，最后还是都还了。美国人说，就在曼哈顿放着，很保险，一点问题都没有。德国人说，我们过去看一看。美国人说，不用看，都在这儿，一点都没少，放心。谁也不知道那些东西被弄到哪儿去了，反正美国告诉德国，都在这儿呢，一点都没少。就是这种局面。

你说，它们俩还是北约一体的，意识形态、社会制度完全一体的。

美国的行为远远超出了这个程度。前段时间又发现法国总统奥朗德的手机也被监听了。奥朗德气得要命，给奥巴马总统打电话。奥巴马向奥朗德保证不监听他的手机。奥朗德在法国的议会上讲，奥巴马总统的回答证明他们以前一直在监听。你看美国都搞到这个地步了。我们有些人一说起美国还是说那里是自由、人权、民主的高地。人家在窃听全世界，为了美国的利益，就得听听你们都在干什么呢。

斯诺登披露的是网络监听，而阿桑奇解密的是美国外交人员与各国的外交文件，2010年、2011年集中解密了一批文件，2010年、2011年集中释放了一批涉及中国的外交密件。

目标人群有大学教授、社科院学者、政府官员、企业家、电台记者、节目主持人、报刊编辑、律所律师、喇嘛、活佛、牧师等。主要来源是驻北京使馆、驻沈阳领馆、驻上海领馆、驻广州领馆、驻成都领馆。凡有使领馆的地方，都会在给美国国务院来访电报中涉及这些情况的情报，电报都是绝密的。阿桑奇搞来这些情报，全部放到网上，把美国人气得要命。

一些外交官在中国参加社会活动，如讲学活动、赞助或者非政府组织的活动，活动期间与我们的人接触，美国通过这种接触了解情报。你跟他们谈情报，谈一次两次无所谓，长期给他们提供很有价值的情报，他们就会在你的姓名后面加一个Protect，即保护，你就会被列入美国保护范围。长期与他们合作，长期为他们提供非常有价值的情报，你的名字后面会是双后缀Strictly Protect，即严格保护。这就是美国外交人员在中国的外交。王立军2012年2月跑进成都美国领馆，24小时后被美国人送出来。因为王立军的姓名后面没有后缀，没有Protect或Strictly Protect，美国人认为王立军是个恶棍，就把他送出来了。

战略思维的整体性和对抗性

国家利益是战略思维的出发点和归宿。离开了这一点，万事皆空。1989年10月，邓小平讲："以自己的国家利益为最高准则来谈问题和处理问题。"这是我们中国的战略思维。离开这个最高准则，你就谈不上什么战略思维，尤其是中国的战略思维。这是我们中国的战略思维最根本的出发点和归宿，就是以中国的国家利益为最高准则，而不是以人家的利益为最高准则，或者以你自己的利益为最高准则。这是真正有效的战略。

现在我们讲战略思维的主要特征。

第一，战略思维的整体性。毛泽东在《中国革命战争的战略问题》[①]中提道："说战略胜利取决于战术胜利的这种意见是错误的，因

[①]《中国革命战争的战略问题》是毛泽东1936年12月在中国抗日红军大学的讲演，始由八路军军政杂志社印行单行本，后收入《毛泽东选集》第一卷。该文阐明了马克思主义的战争观，批判了"左"倾机会主义在战争问题上的错误，分析了中国革命战争的特点和规律，系统地说明了有关中国革命战争战略方面的诸问题，制定了适合中国革命战争特点的战略战术。——编者注

为这种意见没有看见战争胜败的主要和首先的问题，是对于全局和各阶段关照得好或关照得不好。""任何一级的首长，应当把自己注意的重心，放在那些对于他所指挥的全局说来最重要、最有决定意义的问题或动作上，而不应当放在其他的问题或动作上。"

这就是战略思维的整体性。毛泽东第一句话实际上就坚定地否定了细节决定成败。战略方向正确，细节决定不了成败。方向错了，停止就是进步，倒退是更大的进步。方向错了，战略错误了，搞得越细，败得越惨。

第二句话是注意自己的重心，整体性不是让你眉毛、胡子一把抓，不是说所有条子都是你批，你不批，谁也报销不了；不是所有仓库钥匙挂到你身上，你不开门，谁也进不去。那不叫整体，真正的整体是什么呢？是重心，是枢纽，是关键环节，平常可以放，关键点必须紧紧抓住。

第二，战略思维的对抗性。对抗性是我们最不适应的，我们喜欢和谐，喜欢双赢，不喜欢对抗。

你看我们的体育项目，只要隔了一张网，中国人都有戏。不用说乒乓球，羽毛球打得也很好，女子排球在里约奥运会夺了冠军，打出了女排精神，只要隔张网子就可以。

没有网，进行身体对抗，身体激烈接触了，就不行。足球运动，我们发展了多少年，水平一直上不去，篮球与世界水平也有不小差距。这不仅仅是决心问题、金钱问题，如果你以为钱能解决一切，那就想得太简单了。请了那么多外援，那还是中国足球吗？满场踢

第三章
领导者的战略思维

的，这个队、那个队，不是白人，就是黑人。

一说对抗，我们就比较差了。战略思维本身是一种谋取优势、争做主导的精神活动。它表现的矛盾对抗贯穿整个战略思维过程，始终避免不了。战略思维是一定要追求优势的。比如说，韬光养晦是不是战略思维？你简单地看，它不是，是要后面有所作为，韬晦也是要通过这个行为展示低调，赢得时间，积攒实力，等待时机，通过对抗，变被动为主动，掌握并主导局面。它最后是有所作为的，一定要达到一个目标。所以说，战略思维本身就是要谋取优势、争做主导的精神活动。这个精神活动本身就决定了其中的对抗难以避免，甚至你所有的准备都是为了关键时刻的实力对抗做准备。

2012年2月，南京访日代表团与日本名古屋市市长河村隆之会见，河村市长称南京大屠杀是不存在的。当时南京代表团负责人南京市常委政法书记说，南京人民是热爱和平的，学习历史是为了维护和平，而不是为了延续仇恨。这是事先准备好的外交表态口径，对方变了，突然宣称南京大屠杀不存在，我方依旧照本宣科说南京人民热爱和平，学历史不是为了延续仇恨。会谈不但没有终止，反而继续进行，最后双方交换礼品。

第二天，日本各大媒体竞相报道这一消息，右翼报系《产经新闻》更是放在头版头条："名古屋市市长向中国南京代表团发表否认南京事件的谈话，中方没有否认。"引起轩然大波。

外交部连夜召开记者招待会表示强烈抗议。南京代表团回来说，他们当时表达过这个意思，他们翻译得不对，没翻清楚。但日方有准确的记载。我们培养出一批官员领导者，他们以关系为核心，千万不能出错，都小心谨慎。只要不犯错，就能上位，有错就不能上，最后导致什么？在国家面临严重挑衅的时候无所动作。

考虑外交大局，千万不能破坏中日关系，就是这种包袱把我们压死了。周恩来讲过"外交无小事"，写成外交经典，所有人要背，千万别小视，就按照表态口径，没有表态口径的其他话别多说。碰见这种情况，不敢强烈抗议，不敢断然终止会谈，结果酿成这种外交局面。

当年周恩来说外交无小事时，要注意他的时代背景。那时没有几个国家跟我们建交，没有几个外国人来。结果，来一个外国人，我们像看外星人一样，上街围观。所以外交无小事，吃喝拉撒睡都得照顾得一流。尼克松访华，尼克松的菜单由周恩来一个一个定。今天再不能这样了，外交就是有小事，吃喝拉撒出问题就出问题了嘛，有什么了不起的。当然也有大事，国家利益就是天大的事。

我们要有个容错度，尽量不要出错，出现问题也没什么了不起。如果觉得什么问题都非常紧急、什么错都不能出，真正面临大事的时候，你就精力不济了。这是我们要注意的战略思维的对抗性。不能预见威胁就要有所警惕，预见威胁就要立即采取对抗行动。注意，是立即采取对抗行动，而不是回去商量商量、斟酌斟酌、研究研究、讨论讨论再批准，那样的话，一切皆晚。南京代表团这次外交事件后，我们外交部抗议了，南京政府全面否认，然后强烈反击，可一

第三章
领导者的战略思维

切都晚了，你没有立即行动，你就是晚了。

我们最后总结出：在战略思维过程中，始终要面对威胁评估，始终要筹划力量的运用，始终要思考优劣转换。作为谋取优势、争夺主导的精神活动，战略思维较量表现的矛盾对抗贯穿整个战略思维过程的始终。

香港驻军事件中邓小平所展现的对抗性

1984年5月，邓小平讲："我讲过中国有权在香港驻军，我说，除了在香港驻军外，中国还有什么能体现对香港的主权呢？"邓小平为什么讲这话？就在讲这话的前几天，香港报纸报道，中央政府分管外交的主要领导和主持军委工作的主要领导双双表态，可以考虑不驻军香港，因香港方面英方反弹强烈。英方说，你们不能驻军，驻军会影响香港的繁荣稳定，资金要外逃。你们不驻军，把部队放在深圳，有情况从广东过来也来得及，何必非驻军在香港呢？

当时主持军委日常工作的领导和分管外交的领导讲，可以考虑不驻军。港台媒体便广泛报道，说是中央政府答应了香港不驻军。邓小平看到了相关报道，非常生气，预见了威胁，便立即反应，都没有跟这两位领导打招呼。5月25日，他会见港澳代表团。刚一进门，港澳代表团就看到邓先生今天板着面孔，不知道是怎么回事。大家坐定，邓小平开篇就一句话："有关香港问题，他们别人讲的都不算数。只有我和他讲的算数，其他人都不算数。"

"我和他"是谁？邓小平和坐在他旁边的国务院港澳办缉督委主

第三章
领导者的战略思维

任姬鹏飞,只有"我和他"讲的才算数,其他人讲的都不算数。邓小平一句话,说主管外交的领导讲的不算数,主持军委日常工作的领导讲的不算数。邓小平特意对记者郑重其事地说了下面一段话:"我国在恢复对香港的主权以后,中国有权在香港驻军。这是维护中华人民共和国领土主权的象征,是国家主权的象征,也是香港稳定和繁荣的保证。香港是中国的领土,为什么不能驻军?没有这个权力,还叫什么中国领土!"整个香港驻军就靠这一句话,没有这句话可能就不驻军了,有这句话就驻军了。这就叫预见威胁立即反应。

1992年10月,党的十四大召开。在党的十四大会场休息室,邓小平完全退出领导岗位,把当时的军委副主席刘华清招来。邓小平想看一看接收香港问题的军队的方案,也就是驻军方案。刘华清把军队接收方案呈给邓小平审阅,邓小平看完就批了两个字:"软了。"

邓小平下面就讲了两句话,第一句是:"军队只准备了和平接收,没有准备武力接收,不行。要准备武力接收,有准备才能应付可能发生的情况。"根据邓小平指示,军队方案全部重新调整。原来只准备和平接收。邓小平第二句话是,1997年7月1日,香港必须回归。到了这天,不管英方以任何借口做拖延,如果出现这个局面,要拖延回归,部队就会开进去,一锤子砸死。

整个方案全部重新调整,进入香港的部队大量增加。

1997年7月1日,香港回归极其平稳,所有接收按部就班,没有出任何纰漏。当时香港新华社分社出了一个内奸,把我们准备"武力"接收的方案全部告诉了英方,后来这个内鬼被抓了。他无意中起到了震慑英方的作用。他把这方案告诉英方，英方没想到我们还有这一手。所以整个接收程序进行得非常平稳，没有出现任何纰漏。我们驻港部队进港去，英军全面撤离。接收英军的营房时，刀、叉子洗得干干净净，餐巾包整整齐齐放着，都没动。你们以为全面接收非常平稳后面是对方的善意吗？是对方的文明吗？不是的，是你方的准备。是这种力量准备，认识威胁，立即行动，做好应对，最后才没有发生灾难。否则你只能寄托于对方的理性、对方的善意。对方不理性，怎么办？对方没善意，怎么办？如果你没有考虑这些，怎么理解战略思维的对抗性？

战略思维的彻底性

2000年美方四年防务评估所开立两个概念，一个叫作"Anti-access"，另一个叫"Area Denial"。前面的概念我们可以翻译成"反通道、反通过、反进入"，后一个概念我们可以翻译成"区域阻止、区域遮断"。这是美国人专为中国人设计的，后来参与设计的美国海军主官退休了，我们请他来演说，他在我们学校演说完了就讲："不怕你们中国军官生气，我告诉你们，这两个概念就是对付你们的，专门为你们创的。今天的中国军力报告、美国国家安全报告，只要一出现Anti-access和Area Denial，就特指中国，就是针对你们而来的。他们认为这是中国人民解放军的战略战术，中国人民解放军一定会通过Anti-access和Area Denial，然后控制台湾海峡、巴士海峡、马六甲海峡、巽他海峡，除了阻止美国人的四条通道，中国人还要通过海军、空军，控制东海、黄海和南海的局部制海权、制空权，阻止美国人进入这些区域。"

我们今天有好多大学的学者对军队不怎么了解，了解中国的区域军事力量都是通过看西方的文章，所以他们今天也写东西，在写什么呢？就是我们一定要实行区域遮断的战略。我说，这个东西是美国人提的，我们根本没有这个东西，我们要实行区域遮断的战略，我们要实行反通道的战略，不让美国的东西进来，完全把美国的东西拿来为我们所用。这完全不是我们应该采取的做法，这是美国人套在我们头上的。

所以大家注意，当我们今天在南海、在南沙群岛这一带行动，美国人的理解是什么呢？Area Denial，区域阻止，要把美国人阻拦在这个区域之外，这是它的反应。

回想2002年，我们去美国讲学，在堪萨斯州的利文沃斯美国陆军指挥与参谋学院——这是美国陆军最核心的学院，碰见中国问题专家巴杰夫，晚上他请我们喝啤酒。我第一次去利文沃斯学院，晚上没什么安排，就跟他去了。美国人喝啤酒有一个特点，你根本不用灌他，他自己就喝得东倒西歪。他跟你刚碰杯就一杯干下去，一碰杯就一杯干下去。他喝得差不多了就问我："我问你个问题，你们中国未来最大的对手是谁？"我说："我得先听你讲，中国最大的对手是谁？"他说："我先问你的，你先说。"我说："你请我喝啤酒的，你先说。"他说："那行，那我就先说。你们老把美国作为你们未来最大的对手，错。你们最大的对手是日本，把日本好好盯住，美国不是你们最大的对手。"他们说话跟我们一样，中文的说话要诀都在"但是"以后，一听讲话讲到"但是"，你就要注意了，重点出来了。在"但是"以后，他们有一个"if"。"美国不是你们最大的对手，如果你们不到喜马拉雅山以南、台湾海峡以东，中美就相安

第三章
领导者的战略思维

无事，好朋友，没问题。好朋友，来，干杯。"我说："我们要是到台湾海峡以东呢？我们要完成统一。"他说："不行，不行，有麻烦，这有麻烦，有很大的麻烦。"

你看美国，他与中国对抗，划给我们发展范围，认为中国发展的区域就在台湾海峡以西、喜马拉雅山以北，这个区域任中国人去搞，搞中国特色的什么主义都行，出了这个区域搞中国特色的什么主义都不行。我们很多人以为美国人就反对我们中国特色社会主义，想搞垮我们。美国人反对的是你在哪里搞。你在这个范围搞，可以，出了这个范围不行，完成统一不行。美国人料定，台湾海峡以西、喜马拉雅山以北这个区域资源有限，空间有限，任中国发展，也发展不出太多的名堂，出了这个范围就会有大麻烦，这就是为什么美国今天全力阻止我们完成国家统一。

我们学校有一个同事，2004年在美国乔治敦大学做了半年的访问学者。他临走的时候，南希·塔克会见他。南希·塔克是乔治敦大学的中国问题研究中心主任、小布什政府的著名中国问题智囊，平常工作很忙，都在白宫，回不来，他们从来没见过。南希·塔克知道他要走，虽然是民间身份，她也知道中国军方派来的是一位学者，所以还是给他一个礼遇，请他喝咖啡。

请喝咖啡既算欢迎，也算欢送，算很高的礼遇了。我这个同事不断地给老太太灌输，我们完成海峡两岸统一，不伤美国一根毫毛，不改变台湾任何制度的理念。"一国两制"，台湾地区全部的政治、经济、司法、文化、财税、制度都能保留，不影响美国任何利益，不把美国从西太平洋、从亚太挤出去。对美国一点害处都没有，美国何必阻止我们统一呢？中国就为这个问题恨美国，很多老百姓恨他们。他说，我们如果统一了，中美除了拥抱，就没别的事了，都是好事了。他说得口干舌燥，南希·塔克老太太一边品咖啡一边笑。老太太最后讲了这么一句话："一个强大统一的中国不符合美国的战略利益。你们永远不要以为美国会支持大陆与台湾和平统一。即使中国现在的政治制度与美国的一样，美国也不会那样做。这是美国立国原则、基本价值观念和战略利益决定的。"这不是正式会谈讲的话，这是喝咖啡讲的话。喝咖啡的时候，讲的话最为彻底。

理论的力量在于它的彻底，如果不认识到这种战略的彻底性，温情脉脉地，怎么能加强你的这种战略思维的彻底性？

2015年10月27日，"拉森"号非法进入我南沙群岛有关岛礁邻近海域。2016年1月30日，"威尔伯"号非法进入我西沙群岛中建岛区域12海里，给我们造成严重的政治军事挑衅。不管你愿意不愿意、适应不适应，这种挑衅的到来，就是考验你战略思维的对抗性。随着中国国家地位的提升、军力的提升，中美之间的碰撞开始，这一对抗，中美双方都面对极大的考验。对美方来说，这是霸权声望的测试场，不好好教训一下中国，菲律宾、日本、越南，包括新加坡，都说美国就会耍嘴皮子。对中方来说，这是大国成长的必由之路，躲都躲不过去，闪都闪不开，必须要这样，没有一个新兴大国可以不经过老牌霸权的考验和检验而顺利获得国际政治经济舞台自己应有的份额。我们必须迈过这个台阶，这是无可后退的地方。

第三章
领导者的战略思维

我现在所在的这个战略研究所的前任所长潘政强讲过:"不经过一次严重的较量和对抗,美国永远不会承认中国应有的地位和作用。"潘政强担任战略研究所所长多年,他是我的前任,2002年退休了。他于1962年入伍,2002年退休,与美国人打了四十年交道,他说:"不要以为你成长为一个大国,经济总量世界第二,2025年、2030年会世界第一,这样就如何,仅凭经济不行,较量一定要到来。也有可能我们做好了准备,它知难而退,没有做好准备,它一定会知易而进。"

这种对抗性难以避免,这就是为什么我们今天在南海问题上表现出坚决性。

中国外交部长王毅讲了多次,我们维护南海权利的立场坚如磐石。外交部女发言人华春莹也讲了好几次,坚如磐石,但她声音软一些。别人说华春莹太软了,说话声音软绵绵的,其实我觉得无所谓,软绵绵的也是强硬立场,坚如磐石。

我们今天的外交面貌变化非常大,来源于主要领导的变化。我们必须做好准备,让美国人知难而退,如果我们没有做好准备,对方一定会知易而进,这就是战略思维的对抗性。讲到对抗性,我觉得最善于对抗的是毛泽东,与天斗、与地斗、与人斗都叫其乐无穷。

毛泽东1945年到重庆谈判。谈判之前,延安开会、政治局开会、军委开会,毛泽东到重庆谈判,安危系于一旦,我们尽量少闹事,尽量减少摩擦冲突,保证毛泽东在重庆谈判的安全,尽量少与国民党军队冲突,保证安全。

毛泽东完全不这么想。在赴重庆谈判前夕，他在中央政治局扩大会议上说："我在重庆期间，前方和后方都必须积极行动，对蒋介石的一切阴谋都要予以揭露，对蒋介石的一切挑衅行为，都必须予以迎头痛击，有机会就吃掉它，能消灭多少就消灭多少。我军的胜利越大，人民群众活动越积极，我的处境就越有保障、越安全。须知蒋委员长只认得拳头，不认识礼让。"

这种辩证、这种对抗，就是我们讲的战略思维对抗性的要诀，既无法避免，就必须看到你的机会在哪里。

我们今天的东海、南海问题，好像几乎呈现了中美和中、美、日的全面对抗。为什么要这样？海洋方向的较量，是中、美、日在西太平洋区域决定中国未来发展战略空间的较量。在这场长期的斗争中，要迫使对方尊重中国的核心利益，理智地选择现实道路，中华民族就必须通过有计划、有步骤、分阶段的发展与准备，在战略约束中积极、稳步、不动摇地完成能量释放。对中华民族的重大利益必须加以有效地维护，为了这个利益，必须积极地、稳步地、不动摇地一步一步来，慢慢完成能量释放。

2015年、2016年我们连续两次参加了新加坡的香格里拉会议。香格里拉会议是什么呢？因为中国在南海的陆域吹填，各国围攻中国，显得中国挺孤立，但是参加香格里拉会议我们最大的感触是我们一点都不害怕。到新加坡香格里拉宾馆，你看对方的安排、对方的布置。宾馆里放着杂志，新加坡的《海峡时报》封面就是中国在

第三章
领导者的战略思维

永暑礁的陆域吹填。在香格里拉预备会议上，英国战略研究所所长发言半个小时，全是南海问题。紧接着新加坡总理李显龙发言一个小时，全是南海问题。我们问过新加坡的记者，香格里拉会议全称是什么？是不是亚洲安全会议？亚洲安全会议有多少问题，发展不平衡问题、民族问题、宗教问题、海洋陆地争端问题、环境污染问题、资源问题，那么多问题，就一个中国南海问题吗？

我说，你们参加过欧安会议吗？欧洲安全与合作会议上能看见一个黄种人吗？一个黄种人都没有。欧洲安全关亚洲人什么事情？再看看新加坡香格里拉会议，叫亚洲安全会议，会场几乎半数是白人，有英国的、美国的、法国的、德国的、澳大利亚的、新西兰的。我说，这叫亚洲安全会议吗？我们参加这个会议，明知围攻中国还要去，为什么呢？

我们今天有非常大的改变，我们今天不怕这种对抗。那天早上在香格里拉会议吃饭，因为是军事代表团，要求全程穿军装，我们不愿意，因为别人一看，单位、资历、姓名都有。当时旁边就坐了个香港人，一看我就说"你是中国的谁谁谁，我知道"，然后说："明天上午美国国防部部长卡特要做很厉害的发言，你们做好准备没有？"我说，随便他讲，不管他讲什么，我们都能对付。后来我喝完麦片粥去拿水果，回到座位时，那个香港人不见了。旁边的人说他肯定向他的主子报告去了。香格里拉会议上充满了各方情报员，各方打探消息。我说，随便他报告，最好传给美国人，中国代表团就是什么都不怕，随便他们讲。我们现在不怕这种对抗性，最大的心理基础在哪里？过去都是我们反复抗议别人，今天终于轮到别人抗议我们了，主动权在我们手中，我们怕什么？随便你抗议。

毛泽东时期，我们抗议别人飞机入侵200多次、300多次，第387次抗议。今天别人在抗议我们，我觉得这种主动权的转换挺好，我们自信地声称，中国人今天不再像过去那样畏惧对抗，为了国家的利益，我们敢于对抗。结果对抗的效果怎么样，也没什么了不起。给卡特一个小时发言，他讲了四十四分钟，前三十分钟没讲到中国，讲些别的事，后面讲到中国了，还首先讲中国与美国在尼泊尔地震共同有效的救援。然后他再往下讲，南海陆域吹填，不仅中国要停，菲律宾、越南、马来西亚都得停，当然中国填的面积太大了，得首先停下来。那是2015年。2016年我们准备好面对一场更严重的冲突。卡特在香格里拉会议之前，在美国讲了很多话，说一场新的冷战开始，态度非常强硬。2016年参加新加坡香格里拉会议，我们准备与卡特正面交锋。我们在外面的游泳池旁边讨论开会时怎么办。卡特带一群人走过去，走在后面的国防部部长助理什瓦里看见我们了。卡特没看见就走过去了，什瓦里肯定和卡特讲了。没三分钟，卡特就带人返回来了，直照我们而来。当时我们正在讨论怎么应对他们，卡特走过来"hello"，仅仅打个招呼，问候一下就走了。为什么呢？因为在2016年香格里拉会议之前，美国助理国务卿拉塞尔私下传话，不希望美国和中国在香格里拉针锋相对。

你一定要做好准备，对方可能知难而退。要记住这句话，没有做好准备，等待对方的善意、对方的理解，希望达到双赢，这只是梦境。

思维的前瞻性和进取性

西方有一句话，"Without vision, the people perish"，中文翻译为"没有远见，只有消亡"。消亡不是直接死亡，是枯萎，树叶由绿变黄，然后变枯，是一个缓慢死亡的过程。一个国家、一个民族如果没有远见，等待它的命运可想而知。没有远见，只有消亡，这是战略思维前瞻性与地区、国家、民族、集团的生命力的关系。

《庸庵笔记》记载，胡林翼围攻安庆时，曾视察军情，策马登山，瞻盼形势，既复驰至江滨，忽见二洋船鼓轮西上，迅如奔马，疾如飘风。胡变色不语，勒马回营，中途呕血，几至坠马。胡前已得疾，自是益笃，不数月，薨于军中。盖贼之必灭，胡已有成算。只是见洋人之势方炽，则膏肓之症，着手为难，虽欲不忧而不可得矣。

很多人看到二洋船鼓轮西上冒着黑烟的场景，只有胡林翼一个人发现了里面蕴含的危机。胡林翼根本不知道谁叫瓦特，也不知道蒸汽机为何物，一种异己的力量让他感觉到巨大的威胁。胡林翼比他人更先看到危机，这是领导者应该具有的危机预见意识。

1972年，在意大利的罗马俱乐部里，一批经济学家提出《增长的极限》[1]。当年我们痛加讨伐,认为这个观点极其荒谬,直至后来发现,资源是有限的,市场是有限的,发展是有限的。之后我们提出科学发展、可持续发展,其实是建立在1972年罗马俱乐部提出的增长的极限的基础之上,这就是预见。

预见不是群众性的运用或大多数人的见识,预见是少数人提出来的,往往都为大多数人接受。

1993年,美国人亨廷顿提出文明的冲突[2],提出时也有点胆战心惊,他不确定是否要冲突,于是加了一个问号。真的是冲突吗?冷战结束之后,社会主义阵营对应的意识形态的冲突结束,文明的历史终结,人类终结在社会主义、资本主义社会,新一轮冲突是这样开始的,这个冲突是以不同的文明为背景,不是意识形态的冲突,不是社会形态的冲突。

2008年,美国海军陆战队的司令康威上将到北京访问了我们学校,校长给我布置任务:与康威上将会谈。

其他的会谈内容有很多我都已经忘了,但会谈开篇康威将军回答了我的两个问题,我印象很深刻。是关于穆斯林的人口和未来一定要争夺的可以饮用的水。他关心的是以后的问题,为他们的子孙

---

[1]《增长的极限》最初写于1972年,曾因论点"冒天下之大不韪"而引起激烈争议。——编者注

[2]《文明的冲突?》作者塞缪尔·亨廷顿是国际政治研究领域著名学者,曾任美国哈佛国际和地区问题研究所所长。作者主张冷战后的国际冲突将不再以意识形态为界限展开,而是在不同文明之间展开。——编者注

第三章
领导者的战略思维

操心以后的事情。这就是真正的领导者。领导者必须具备这种胸怀，如果只是看着眼前的权力、眼前的财富，那就不是真正的领导者。

1982年，我国的人口比例中，14岁以下的占33.6%，现在只占16.5%，跟美国相近了。按照这样的趋势，2020年，我们将跟美国持平，2030年，美国将比我们年轻。中国人口老龄化速度非常快。到2030年，中国20岁到50岁的劳动力相比2010年将减少6900万个，劳动力缺口超过8000万个。到2020年，24岁到28岁的男性4900万人，同年龄段的女性3900万人，缺口1000万人，将造成严重的性别失衡。所以，国家现在放开了"二胎"政策，也算是船到江心补漏。放开初始，预测人口增加可能要到3000万人到6000万人，结果目前只增加了300万人，完全与预想不符。

面对未来的人口减少的问题，城市孩子代价非常大，从20世纪70年代开始我们实行了三十多年的计划生育，控制了人口增长幅度，但是结构性的劳动力衰竭了。现在长三角、珠三角劳动力短缺日益严重，再过一段时间，会出现很多空巢的房子。日后，可能随着房地产泡沫出现更多鬼城。领导层必须在这个问题发生之前有所预见和判断，不能等船到江心补漏。这就是前瞻性的思维。前瞻是为了进取，进取是为了前瞻，进取未必要前瞻，前瞻必须要进取，这是战略思维的进取性。

进取性是战略思维主体永恒的追求。通过最大限度发挥主观能动性，实现对原有经验传统的超越，才能产生真正有思维价值的东西。进取性绝不是抱残守缺，一定要往前走，一定要创新。

主动进取才能获得利益

党的十八大划分东海防空识别区，中央表现出了非常大的进取心，国外每日强行反弹，国内舆论大哗。2013年年底，我们在国内开会，很多专家学者也都在质疑，怎么把东海防空识别区域划分到距离日本最近才130千米。

当时我说："为什么不能这么划？日本1969年划的东海防空识别区，最近处距离我浙江130多千米。我们2013年划，为什么不能距它130千米？你距我130千米，我也距你130千米，实现对等。"

很多专家说，好吧，如果这么做，2014年必定因为美日强行反弹，中韩领海失守。

2015年，中央外面开会，为习近平主席9月份会议做准备。进会议室之前，见到一位先前说中韩领海会失守的专家，我问他："都2015年了，没有中韩领海失守，哪儿失守了？"他说："完全没有想到是这样的，形势变化太快了。"

我们的一批专家学者从西方著名大学毕业，回国之后大都担任大学校长、副校长、学院院长、副院长，可是精神上一直跪伏在导

第三章
领导者的战略思维

师面前。中国制定自己的安全政策，不是根据中国的国家利益，而是根据对方的脸色，把东海防空识别区一划，美国的脸色不好看了，日本眉头皱起来了，我们要倒大霉了，这是什么心理？这种心理必须要摒弃。

为什么要这样划？长江三角洲，国家最大的经济区，财税重地，安全环境极其薄弱，长期受到朝鲜半岛方向、中日东海东端、台湾海峡三个方面的威胁，我们必须评估长江三角洲的安全。

2015年，连战参加抗战胜利70周年，我们给了他很高的评价，但是不能忘记，他与陈水扁竞选的时候说过："如果大陆导弹到台湾，台湾可以拿着导弹攻上海。"我们必须为国家经济发展进行最有效的评估，东海防空识别区第一次没有成功划出去，别人的反弹很强了。

东海防空识别区一划出来，第三天美国B-12轰炸机就来了，长驱1500千米，回去1500千米，来回3000千米，算突破了中国的东海防空识别区，日本飞机飞进钓鱼岛区域，韩国飞机飞进苏岩礁区域。网民一片泄气，觉得人家的飞机进来了，我们没有阻挡住，划了半天，白划了。可是大家一定要记住，这不是禁飞区，不是领空，不是说别人的飞机不能飞入，这是国际空域，大家都可以飞进来。

划防空识别区的意义在于，飞机进入这个区域之前，你要向我申报你的飞行目的，不是说强制你申报，你不申报也可以，但是你不申报，我就要进行监视、跟踪、识别。从历史上看，中国人特别习惯这种原则性的声明和道义性的谴责，不善于用线段标识自己的利益边界。

新中国成立六十多年,东海防空识别区第一次给别人画线,反弹之大,可想而知。美国人都在说,中国人在学习西洋拳。中国的武术本来是花拳绣腿,门户做得很漂亮,一招一式不一定结实,但西洋拳招招制敌。日本仍是武士道,美国人承认自己开始研究太极八卦了,我觉得这样挺好的,我们学学西方,美国现在学学东方。

美国坚决不承认东海防空识别区,私下里交流的时候,有两点意见:第一,希望就算没有申报,在他们飞进来的区域,我们也不要跟踪、监视、识别,影响飞行器的安全;第二,希望我们别再划识别区了。他们知道我们是一定要再划的。参加新加坡香格里拉会议——2015年到2016年,我们面临最多的问题之一就是:"你们什么时候划南海防空识别区?"

你不划,你永远没有权利,你划了,别人会问你下一步划到什么地方。权利不是靠我们讲话讲出来的,是硬着头皮进取出来的。如果坐在原地不动,写了一大堆声明,一点用处没有,一定要往前走。往前走有风险,有风险就硬着头皮顶住,顶一段,别人习惯了,就成自然了。

现在我们在东海防空识别区有效地巡逻,掌控着这片区域。这是前所未有的,这就是进取。

2011年日本大地震,福岛严重核泄漏。虽然美日同盟,但美国毫不客气,美国海洋局、大气管理局都画线表示日本福岛地震对美国的影响。哪怕盟友出一点事,美国首先考虑的也是对它自己有多

第三章
领导者的战略思维

大的影响，画了很多线，表示核泄漏从空气到洋流都对它没有造成很大的影响。

福岛电站向海水倾倒数千吨受污染的水体，韩国严重抗议，我们竟然没有抗议。2011年5月，政府领导人访日，应日本首相的邀请，品尝了灾区的鲍鱼、鳜鱼、樱桃、小番茄，以表示无毒。为了社会稳定，我们宣布对沿海影响不大，海产品没有问题。我们很少考虑到后续的问题。美国的后续手段是标出空气、洋流对美国的影响，保留后续索赔的权利。

我们出于社会稳定的角度考虑，反过来想一想，如果是我们的核电站发生了泄漏，往海水倾倒几千吨受污染的水体，日本会反复抗议折腾到什么时候。为了中日关系的大局，我觉得在国家关系这方面必须有所准备，否则，真正利益交往不了。除了钓鱼岛，日本别的什么把柄都没有，福岛核电站的泄漏给我们提供了多大的把柄，要清楚这个问题。

不善于挑战永远无法迎接机遇

印度、巴基斯坦、南非、阿根廷、韩国，都没有打着前殖民地的旗子游行，唯独香港这么做，还在旗子上写着："我是香港人，不是中国人。"我们为香港提供了最好的淡水与企业，大亚湾核电站支撑着香港电力的40%。中央财政部不向香港财政要一分钱，香港的钱全部自己花，有困难，中央支持它，住房等经费全部由中央财政支付。当年英国从香港的财政税收获取巨大的利益，驻港的英军五万多人，住房宽敞，待遇非常好，吃香港，住香港，造香港。我们给香港一切优惠，自1997年回归到现在，不就是大陆人多买点奶粉嘛，不就是有一个孩子在地上尿尿，孩子的母亲还拿纸巾接着，香港人这就不依不饶，闹成这样。

香港问题的关键是什么？我认为，最关键的是"去殖民化"，这个工作长期以来都没有做好。"去殖民化"和"一国两制"完全是两回事。世界上，任何一个曾经被别国进行过殖民统治，重获国家独立、民族解放的国家和地区，都在进行大量细致的"去殖民化"工作。

第三章
领导者的战略思维

看看印度的"去殖民化",看看韩国的"去殖民化",再看看老蒋到台湾后所进行的"去殖民化"。印度独立后,新德里、孟买、加尔各答等城市全部将名称由原先的英式拼法改为印式拼法。老蒋败退到台湾,立即进行"去殖民化"工作,取消日语教育,停用日式教材,禁用日本名字。李登辉原来有一个日本名字叫"岩里政男",老蒋到台湾后禁用日本名字,他只好又叫回李登辉。

今天的"台独"分子,不管是陈水扁,还是苏贞昌、蔡英文,都讲一口标准的普通话。谁让他们讲的?老蒋让他们讲的。台湾的学生从小接受的都是普通话教育。这就是老蒋当年强制推行"去殖民化"工作的成果。

而在回归后的香港,我们几乎没有任何这方面的动作。维多利亚湾,今天还叫"维多利亚湾"。麦理浩径,今天还叫"麦理浩径"。香港的行政体制、司法体制、教育体制、学校教材,一项都未触及。我们总提到坚持"一国两制",可这是"一国两制"的实质和精髓吗?就算保持香港的资本主义体制,也要对其进行"去殖民化"。

香港《基本法》第23条[①]立法没有通过,国民教育教材无法实施。放眼全世界,任何国家的国民都必须无条件接受以国家体制、

[①] 香港《基本法》第23条:香港特别行政区应自行立法禁止任何叛国、分裂国家、煽动叛乱、颠覆中央人民政府及窃取国家机密的行为,禁止外国的政治性组织或团体在香港特别行政区进行政治活动,禁止香港特别行政区的政治性组织或团体与外国的政治性组织或团体建立联系。——编者注

宪法、国旗、国徽、国歌等为内容的基本国民教育，难道就香港特殊？

如果这就叫洗脑，这个脑子就必须得洗。一个国家的国民连国体、国旗、国徽、宪法都不知道，可以叫国民吗？如果知道这些就是洗脑，哪个国家不洗脑？我们只要求香港不出事。强行改维多利亚湾、改麦理浩径、改教材会有事，不稳定，所以就算了，但是不改，近期稳定了，中长期更加不稳定，"去殖民化"必须进行。

"占中"以后，学生们在特区政府门口放置标牌，庆祝鸦片战争胜利170周年，幸亏英国人胜了，他们有幸做了英国的臣民。香港回归以后，很多人想加入英国籍。英国籍是持海外护照，从护照上看是英国人，但不被允许进入英国，他们都觉得很光荣。这种教育，这个教材能不改吗？

香港是中国的香港、中华民族的香港，不是港督的香港，这一点我们不会变，因此我们必须改变教材。民主党的主席也是这样，要求英国保障香港自由和社会法治。今天，谁在保障香港自由与法治、自由的生活方式？全部是由中央政府。英国没有花一分钱，英国人走之前，从来没有给香港任何民主。

我们有很多的执政基础，即只要不出事就是好事。中国缺乏这种进取精神，没有这种精神，连原来的摊子都守不住，所以邓小平讲，香港问题就是一句话——一点都软不得。今天很多人说，香港不能动，拿邓小平那句话做依据——"50年不变，100年不变"，不变就是不能动。我说，光拿邓小平的话搪塞是不行的：第一，我们没有"两个凡是";第二,邓小平除了讲过"50年不变,100年不变",还讲了一句话,"香港问题先拿过来再说"。

1997年7月1日,香港回归。1997年2月份,邓小平去世了,去世以后就没有再说了,都只是"不变"了。一个国家的发展,既要抓住机遇,更要迎接挑战,不光是捕捉机遇的能力问题,更取决于能不能迎接挑战。否则,国家的发展要被其他的力量所牵制。不善于挑战,永远无法迎接机遇,真正的机遇往往在挑战背后。战胜了挑战,有机遇,规避挑战,机遇随之而去,这是我们讲战略思维的持续性原因所在。

影响和决定战略思维质量的相关要素

从某种意义上说,战略本身就是对机遇的寻找、把握和利用。机遇是一种无形的资源,把握机遇就要把握不确定性。大多数人讨厌不确定性,真正高超的领导艺术恰恰是利用不确定性。越是存在不确定性,主观能动性发挥的余留空间也就越大。

毛泽东以前讲过:"沧海横流,方显英雄本色。"他觉得小家小气的太平稳,掌舵人的本事显不出来。机遇永远存在,抓住机遇的人永远是少数,大多数人在机遇面前没有做好准备,只有少数人准备好了。

越存在挑衅,越有改变现状的机会。挑衅就是机遇。不要以为挑衅就是捣乱,实则危险中包含着机遇。南海是我们长期的问题,大量岛屿被越南占了,被菲律宾占了,被马来西亚占了。中华人民共和国在南海只有6个低潮高地——渚碧礁、南薰礁、东门礁、赤瓜礁、永暑礁、华阳礁;只有6个礁盘,1988年"3·14"海战,6个礁盘一举拿下,加上20世纪90年代恢复美济礁,一共7个礁盘。1988年"3·14"海战不是上级交代的,海军官兵主动进行这样的行动,是我们抓住了这样的机遇。

1987年,联合国教科文组织要求中国在南沙群岛建立海洋观察站,相当于联合国间接承认南沙群岛是中国的一部分。我们中华人民共和国原来从没有到过南沙群岛,于是502编队立即出动。1988年1月23日,502编队抵达南沙群岛。海军第一次去,中央高度重视。

中央首长做出指示:

第一,不准惹事;

第二,不准先开枪;

第三,不示弱;

第四,不吃亏;

第五,不丢面子;

第六,赶走占我岛屿者。

前方将士回应:"不好操作啊,到底要干什么?要赶走他们,赶走算不算惹事?又不准开枪,对方开枪了,怎么办?"

领导者切忌做这一类的指示,你面面俱到,会让下面的人无所适从。

海军502编队一头雾水,到底该怎么做?但我们的行动还是很坚决。1月31日,我七名官兵首先强占了永暑礁,在那里建立海洋观察站,我们的迅速行动被越南发现了。2月18日,我军与越军几乎同时登上了华阳礁(当时叫礁,海水涨潮,都在海平面以下,没有露出来),双方涉水登礁,水深齐腰,站在水中对峙。3月14日登赤瓜礁，越南人先上去，凌晨四点半我方发现后，喊话、发警报，要求对方退出，对方置之不理。八点，我军登礁，双方对峙，我方指挥员编队司令陈伟文要求拔除对方的旗帜，杨志亮拔除对方的旗帜，扔到海里。

双方彼此推打，冲突开始。最终越军首先开枪，把杨志亮打伤了。我们有一个规定，叫"枪声就是命令"，我方军队一听前方枪响，一排机关炮就打了出去。

由于越军开了第一枪，中国海军登礁人员立即开火还击，礁上战斗打响了。中国海军登礁人员一边还击，一边按预定方案潜入水中迅速后退，与越军拉开距离，以利我海军舰炮实施火力支援。八时五十七分，越方礁上未被击毙的人员见604船已被击沉，便举起白衬衣表示投降，我海军登礁人员即停止射击。十时五十七分，根据命令，中国海军登礁人员全部返回舰上。

当时是我们席卷南沙群岛最好的机会，但是编队接到指令，立即返航，两条船靠岸，不许登岸，所有官兵不许上岸，工作组直接上船调查。

礁上战斗中，中国海军登礁人员行动迅速，组织严密，对武装挑衅迅速反击，夺取了礁上战斗主动权，政策与还击的时机均把握较好，既避免了先发制人遗人以口实，又避免了我方人员因双方距离过近和不能先敌开火而可能导致的重大伤亡，胜利完成了上级赋予的守礁任务。

虽然是越军首先开枪，但这场大的武装冲突正式开始会不会干

第三章
领导者的战略思维

扰到中央以经济建设为中心的大局，帽子很大。幸亏当时军委副主席兼军委秘书长杨尚昆讲了："第一，起码南沙群岛是我们的；第二，起码这场仗打胜了。"这才免除了对我们海军的责罚，3月底立功受奖，陈伟文提前晋升少将。

当年我觉得中央好像也没有错，着什么急打仗收复，先闷着头建设经济，建设强大的经济，再建设强大的国防，回过头来解决问题，那就游刃有余。想法很好，忘掉了一点实际的问题，忘掉了解决历史的问题需要历史的契机。有的机会稍纵即逝，有的机会一去不回，今天南海舰队不知比1988年强大多少倍，收复南沙群岛的机会却永远失去了。

南海建设全部在七礁八点进行，这是陈伟文这代军人积极主动地、创造性地执行上级的指令留下的巨大资产。陈伟文这样的军人、这样的军人民族气节，随着历史的进程，会永远标记在民族史册中。

胆略与战略思维

胆略的本质是敢于承担风险,是思维主体在把握现实和认知未来之间表现出的勇于担当。就如毛泽东在中国革命道路的选择上表现出的胆略、邓小平在中国的改革发展上表现出的胆略,不断地融入领袖个人品质、民族国家事业,使他们成为高质量战略思维的典范。高质量战略思维的典范都带有胆略,这种胆略要承担风险,要敢于冒险,而不是只有100%的把握才敢于动手。

毛泽东就是这样的秉性,他是战略大师、胆略大师。1917年,湖南第一师范的一次评选,德、智、体三个方面,二十多个项目,全校四百多个学生参加,当选的三十四人中毛泽东得票最高,其中胆识一项只有他独自得分。评语是:"冒险进取,警备非常。"

1917年的毛泽东还不是社会主义者,他承认当年最喜欢无政府主义者克鲁泡特金[①]。喜欢无政府主义者的毛泽东冒险进取,警备非

[①] 克鲁泡特金(1842—1921),俄国地理学家、无政府主义运动的最高精神领袖和理论家。其父为世袭亲王。著有《一个革命者的回忆录》《互助论》等。——编者注

第三章
领导者的战略思维

常，后来，他成为伟大的马克思主义者，依然冒险进取，警备非常。人的秉性与意识形态没有直接的关系。朝鲜战争的时候，我们刚刚从一场国内解放战争中脱离出来，军队长期作战，极其疲惫，亟待修整，武器装备很落后，面对全世界最强大的国家——美国，第二次世界大战的胜利者、全部的机械化装备，彭德怀在朝鲜讲："一军打三军，陆军打三军，非常困难。"

当时政局绝大多数人反对参战，毛泽东坚持，他讲："先出去看看，不行再回来。出去了，即使被打回来，也说明是局内人，不出去，连入局的可能性都没有。"毛泽东看到了一个更大的利益，半岛这个局一定要进去。"出兵即使失力，甚至让美军一时打进东北也没有关系。那样美国人就欠中国人一笔债，以后可以找它算账，如果现在不打一下，连算账都没有机会了。"

胆略不是来自一意孤行，不是来自敢于冒险，而是看到了更大的利益，一定要入局，败了也入局，这就是胆略。

塑造与战略思维

当年陈伟文违命打仗夺下的岛礁，今天再也不是仅仅具有战略支撑意义的前沿支撑点，已经成为能够覆盖控制周围数百甚至上千千米范围的战略出发点，极大地改善了中国的发展与安全环境。一定要从这方面着手，不能让对方离岸控制得手。这儿取得重大进展，按照毛泽东讲的，是防御中的进攻、持久中的速决、内线中的外线。我们正在转入外线，所有的风险因此而来，就像2016年3月"两会"上，外交部部长王毅说了一句可以记入史册的话："在南海这个舞台上，曾经有过殖民侵略，有过非法侵占，现在又有人兴风作浪，还有人炫耀武力。但是就像潮水来了又退去一样，历史终将证明，谁只是匆匆过客，谁才是真正的主人。"

我们心里有底了，对巨大利益的有效维护，再也不是软绵绵的。正如领导人所言，我们现在追求的，绝不是三年五年甚至不是十年八年的利益。这一代承担风险，后人享受权益，压力非常大，但是坚决顶住。再也不是后代比我们聪明，他们想出更好的办法，矛盾推给后人，资源自己享受，贷款花光，后人去偿还，环境破坏，后

第三章
领导者的战略思维

人去治理。

前人种树,后人乘凉。按照习近平主席的话讲:"功成不必在我。"可能这一代也无法有效地完成东海、南海所有权益的全部归属,但是要给后代做出更好的归属,让后代能够站在我们的肩膀上一代一代地走,完成这样的累积。南海的情况,本身就是塑造,塑造一个全新的安全环境、全新的态势,塑造的是主观对客观的改变,是绝不甘于命运的摆布与规律的左右。主观对客观有很大的能动性,塑造就是极大地发挥这种能动性。

不结盟政策可以坚持,结盟能力必须塑造。不结盟可以有政策,结盟是能力,不能以不结盟为光荣。不结盟,大家觉得你靠不住,一旦有事,首先拿来开刀的就是你。今天我们一定要抓到自己的结盟点。南海斗争很好地锻炼了我们一把,我们在斗争中取得了实质性的胜利,外交斗争初见成效。说实话,外交斗争刚开始比较被动,中央主要领导有所指示,外交部做了调整,以争取驻在国同意中国在南海问题上的立场为检验工作标准。

绝对不可以说,我一个孤寡老人,一定要锻造自己的联盟,全世界都是美国的朋友,中国没有几个朋友。讲到结盟能力上,我们有一些很有优势的、别人都不具备的条件。

美国觉得上帝不公平,为什么决定世界发展的石油能源都埋在沙特、伊拉克、阿根廷、伊朗、科威特、俄罗斯、委内瑞拉、尼日利亚这帮坏蛋的脚底下?美国、加拿大、挪威石油储藏量都很低。我们与伊斯兰国家有良好的关系,与俄罗斯有良好的关系,与非洲、中南美洲有良好的关系，这就是巨大的资源，我们没有有效地加以利用。不是说我们没有资源，放眼看看，如果美国是我们，不知道会将这一资源用得多充分。2008年在上海，我们参加中美国防部的工作会晤。当时美方议定谈两个问题，上午是中美核战略的交流，下午是中美的非洲战略的交流。

上午交流完了，中午国防部的外办主任钱利华上来，我们讨论下午怎么跟美国谈。我们没有非洲战略，怎么谈？就实事求是，没有非洲战略。下午会谈开始，美方先展示美国的非洲战略，请中方发言。中方发言人说："对不起，我方没有非洲战略。"美国不相信，说："你们不透明。透明一下没有问题，我们没有恶意。我说我的非洲战略，你说你的，协调一下，保证美国和中国的非洲利益最大化。"中方说："最大化也没有。不是说不透明，是真的没有。"美国仍不相信，说2007年美国的非洲贸易160亿美元。美国正在组建非洲司令部，虽然非洲没有一个国家承认他们的非洲司令部。评估美国在非洲的利益——160亿美元，要搞非洲司令部。他说："根据我们的统计，2007年，中国的非洲贸易600亿美元，怎么可能没有非洲战略？我160亿美元有非洲司令部，你600亿美元没有非洲战略，不可能。"

2014年，与非洲贸易2200亿美元，开始考虑非洲战略了——民间考虑。北大的林毅夫和我参加中组部的院士专家论坛，在北戴河碰见了，让我讲一课。

我讲了这一内容，林毅夫听了以后很感慨。北大国家发展研究

第三章
领导者的战略思维

院正在搞非洲战略，我们一拍即合。但这仅仅是学术方面的研究，真正进入战略布势，还有很长的路要走。今天，经济发展成就巨大，国家战略没有跟上经济发展。有一句话，实践之树长青，而理论永远是灰色的。理论跟不上实践，在今天的中国，表现分外地明显，非洲战略呼之欲出，美洲战略呼之欲出，中央战略呼之欲出，东南亚战略呼之欲出。

2016年1月15日，我参加了华为的年会。年会下午三点开始，颁奖颁到晚上七点钟还没有结束。中南美洲分部、欧洲总部、西南非、中北欧、东欧、俄罗斯，一个一个的地区总部上来，我很惊讶，觉得恍如隔世，我是坐在哪儿呢？倒数第二批上来领奖的，是在国外工作十年以上的人，我觉得这一批人太了不起了。民营企业远远超出了国家规划和国家发展，对国家而言，是非常大的驱动者。今天我们战略先导、布置战略，企业再跟进，是拖着战略发展。牵着你走，你都跟不上。电视新闻今天播领导下农村、看矿井、走基层，我觉得挺好，但是将来能不能换成领导在非洲下基层，在南美看矿井，在中亚进农村？

威慑与战略思维

威慑是什么？我们学校曾经有一本书叫《威慑论》，十几万字，我看完了都没有看懂什么叫威慑。

威慑是个体或群体或国家的一种作为。它凭借力量、声势、哲理和状态，让感受方心生畏惧和震惊，并迫使感受方改变对施威方不顺的作为和态势。我国古代就有张衡在《西京赋》中描述："威慑兕虎，莫之敢伉（抗）。"曹植在《七启》中也用到："威慑万乘，华夏称雄。"

现代世界政治运转格局中，反威慑、威慑与再威慑在世界政治舞台上的呈现层出不穷。这是保证世界格局相对稳定和避免战争的重要运转。这一运转的主要支柱是军事科学技术与国家综合国力的不断发展和提高。要实现有效的三个过程（反威慑、威慑与再威慑），必须保证本身的军事科学技术的发展不低于世界最先进水平，同时自身的综合国力水平达到世界最高级。

威慑有三点：第一是实力，没有实力就是虚张声势；第二是决心，没有决心，实力形同虚设；第三是知会对手，对手不知道，贸

第三章
领导者的战略思维

然莽撞，难以形成威慑。三者缺一不可。

简单来说，实力是威慑的基础，决心是威慑的灵魂。威慑在战略思维中的地位与作用，在于把己方力量和使用力量的决心传递渗透到对方的战略思维之中，用我方战略思维影响对方战略思维。

威慑是要公开让对方知道你的实力与决心。

美国曾多次企图对新中国使用核武器：

1950年：抗美援朝作战（远东美军总司令麦克阿瑟）。

1953年：朝鲜谈判期间（美国总统杜鲁门）。

1955年：一江山岛战役[1]（美国总统艾森豪威尔）。

1958年：炮击金门作战[2]（美国总统艾森豪威尔）。

1962年：对印自卫反击（美国总统肯尼迪）。

美国对中苏同盟的破裂保持怀疑态度，因此迟迟未发。

苏联的核威慑在新中国成立初期一段时间内造成了很大的恐慌，我们要强大自己，光靠与别人合谋来形成威慑是不够的。

1955年1月15日，中央书记处扩大会议上，地质部部长李四光向中央和毛主席汇报中国铀矿储量能否支撑中国核武器发展。会议

---

[1] 一江山岛战役是中国人民解放军对国民党军据守的浙江省一江山岛进行的陆海空军联合渡海登陆作战。人民解放军在这次战役中由华东军区浙东前线指挥部司令员兼政治委员张爱萍直接指挥，自1955年1月18日八时发起登陆作战，至19日二时，全歼一江山岛守军1086人。——编者注

[2] 金门炮战，又称第二次台湾海峡危机，是指1958年8月23日至10月5日之间发生于金门及其周边的一场战役。此后双方军事冲突局限于海上，并逐渐停止至今。——编者注

结束,毛主席对地质部党组书记、常务副部长刘杰说:"你要把这个事抓好,这个事关系我们的命运。"此前,毛主席曾说核武器是纸老虎,刘杰听后很紧张,思前想后,回去没有传达。20世纪80年代,刘杰退休,毛主席已经去世多年,刘杰才明白这话的真正含义。这事情关系我们的命运,一个国家没有威慑,无法阻挡命运。正如毛主席说:"原子弹是纸老虎,并不可怕。但是,人家有,你没有,它就是真老虎。""在当今的世界上,我们要不受人家的欺负,就不能没有这个东西。"

1964年10月16日,中国试爆第一颗原子弹。下午三点,原子弹起爆。四分钟后,总指挥张爱萍向周恩来总理报告,未料到周总理沉默了一会儿,问:"是不是真的核爆炸?"张爱萍询问身边的王淦昌,因为大家都没见过核爆炸是什么样子,王淦昌也沉默了一会儿,回答说:"应该是的。"

几分钟后,周总理电话传达毛主席指示:要查清是不是真的核爆炸,国外不相信怎么办?如果其他国家不相信,原子弹就白炸了,一定要让他们相信是真的。两个多小时后,经各方专家检测并认定的报告上报中央:中国第一颗原子弹爆炸成功,当量在两万吨TNT以上。毛主席、周总理共同决定压下新闻不发。几天后,美国中央情报局侦查,在新疆上空发现了核弹爆炸,苏联也发现并认为中国试爆了原子装置,然后我们公布第一颗原子弹爆炸成功。这就是威慑,一定要让对手相信,让对手知道,否则不能形成威慑。

在和平环境中生活三十年,享受了和平带来的种种好处,不愿

第三章
领导者的战略思维

意因为一些纠纷和其他国家闹翻，更不愿像某些强国那样动辄显示军事实力，其负面效果是使中国的军事威慑力也随之下降，而军事威慑力对一个大国至关重要。

曾带领导弹部门工作的美国总统候选人凯恩在竞选演说中，竟然表示不知道中国有核武器。这一方面说明凯恩的无知，另一方面也说明，我们认为能够起"有效战略威慑"作用的核力量并没有真正地、完全地、彻底地发挥作用。

在中美关系摩擦逐渐增多、美国对华政策变数越来越大的时候，美国社会对中国国家力量性质和质量的认识模糊，很可能造成危害两国关系的方向性误导。

为什么？我跟火箭军的同志讲："美国今天可以毁灭我们十遍以上，我们不能保证毁灭对方一遍，这就无法有效地维护自己的安全。"必须得追求量，这不像人权、民主、自由那么温情脉脉，这是很残酷的，但是又很现实。2015年在中央办开会，清华大学的一个教授讲，第二次世界大战以后，研究国际关系的专家学者在美、俄、欧洲各国加起来得有十万个，十万个学者中，只有一个得诺贝尔奖，是个美国人，2005年得奖。他1963年提出的理论是确保相互摧毁。那是世界运行的真谛：确保相互毁灭。如果你拿我没有办法，我也拿你没有办法，咱们只好共存，只好混下去了，不双赢也差不多是双赢，就一起存在好了。获奖的是确保相互摧毁，而不是我们的和谐和共赢理论，因为这是世界运行的真谛，是现实世界和理想世界的差距。

中国核力量的威慑强度，应该足以消除并足以阻止这些人用军事手段影响两国竞争。一定要做到这一点。这也是党的十八大以后非常大的变化。全世界最热爱和平的就是中国人，但是，中国人说话，为什么别人不太在意？热爱和平的心愿一定要与捍卫和平的能力相匹配，才真正是一个负责任的军事大国和世界大国。爱因斯坦讲："全世界最需要的是善意与力量的结合。"爱因斯坦晚年放眼全世界，有善意的没有力量，有力量的没有善意，人类的出路在哪儿？善意与力量一定要结合起来。所以强调中国模式、中国发展道路，绝不仅仅是一个经济发展道路和经济模式，必定是在国家安全的基础上，确保自身安全，有利于捍卫自己安全的模式和道路，否则构不成完美的中国道路和中国模式。

最后就讲到直接关联战略决策的战略思维。运用知识的方法往往比临时汲取知识更加重要，而获得这样的方法，需要像古今中外那些杰出的决策者一样，练就高人一筹的意识素养、哲学素养、科学素养、艺术素养。我在学校讲这个课，经常有人问，老师，你介绍几本书提升战略思维。我说，没有办法介绍，就算开设一个战略思维专业，学习三四年毕业了，也不见得获得战略思维。它是多学科的融会贯通，而不是单一学科的结晶，历史的、哲学的、科学的、艺术的，全部融合在一起。

我经常讲，唐诗宋词对形成战略思维有非常好的借鉴作用。李白的"弯弓辞汉月，插羽破天骄"，对提升战略思维的豪气借鉴意义非常大。柳宗元的"千山鸟飞绝，万径人踪灭。孤舟蓑笠翁，独钓寒江

第三章
领导者的战略思维

雪",那种意境,同样是我们研究战略思维的思维环节。第二次世界大战期间,德国许多著名的军事人物是音乐酷爱者,贝多芬、巴赫、海顿,德国音乐家多,战争狂人也多,音乐与战争结合,他们是怎么得来的?引用节奏,与装甲作战的节奏结合在一起。战略思维往往是多学科融会贯通的结合,而不是单一学科的结晶,只有真正做到穷天人之际、通古今之变,加上科学的缜密、艺术的想象力,才能使思维的火花通过决策和实践结出丰硕的果实。屈原有这么一句话:"朝饮木兰之坠露兮,夕餐秋菊之落英。"就是择取天地间的精华养育自己的精神,早上喝的是木兰的坠露,晚上吃的是秋菊的落英,只有择取天地的精华,才能有效地养育自己的精神。我们今天都是低头族,看手机和微信,早上信息一大堆,晚上信息一大堆,一天过去了,一周过去了,一年过去了,天下事无所不知,也几乎什么都不知,到最后一年什么也没有留下,因为什么呢?

因为你喝的不是木兰的坠露,吃的不是秋菊的落英,是肯德基、麦当劳,思想里面什么都没有留下。所以,信息爆炸的社会,也是信息极度渴求的社会;获得知识最方便的时候,也是丢掉真知最便捷的时候。真正坐下来看书琢磨问题的人越来越少了。微博不能超过140个字,在140个字内把自己的意见全部表述完,这种信息手段限制是人类加速阅读的表现。过去讲,人的能力是信息存储能力,今天,人的能力是信息筛选能力。连筛选都来不及,信息量太大,就把人淹没了。过去成才难,什么东西都没有,天下事什么都不知道,今天成才也难,天下事全部知道了,精神精力分散了,一样也成不了才。今天，真正把握自己的方式，就是有效地择取天地的精华，养育自己的精神。这全看自己的选择，谁也代替不了。

战略决策水平取决于战略思维，我们从来没有像今天这样接近国家民族复兴。

当今世界，国民经济总量超过10万亿美元的只有两个国家，美国17万亿美元，中国10.5万亿美元；国防投入超过1000亿美元的只有两个国家，美国5900亿美元，中国1500亿美元；卫星数量超过140颗的也只有两个国家，美国530颗，我们的数量不好跟大家说，肯定在140颗以上，可能有200颗、300颗。世界注定要中美担当这个主角。我们没有做好担当主角的准备，习惯于韬光养晦，习惯于让别人去闹，自己在旁边待着。国家地位与国家战略思维严重不对应，发展太快了，思想没有跟上，就像一个大男孩，身体迅速长大，脑子还处于青春时期，甚至处于儿童时期。所以，我们从来没有像今天这样，需要提升国家民族的战略思维能力。一批中国人，要善于以全球的视角，站在人类发展的历史上，从大的局面思想上下这盘棋。决策结构需要一批高度爱国、受过良好教育训练、有丰富实践经验、善于思考又敢于担当的队伍，才能在大发展、大变革的关键时期担此重任。

精彩细读

真正研究胜道者,关键是要从琢磨别人怎么失败的而不是研究人家怎样胜利的入手。真正明白别人是怎么失败的,才能悟出你怎样避免失败,然后才能取胜。

很多人都是未来将军的人选,一定要知道平庸将领何以不胜、何以失败,才能知道怎么才能取胜。看看别人是怎么翻船的,你才知道怎样避免自己翻船。

面对战争中的不可预见性,优秀的指挥员必备两大要素:第一,即便在最黑暗的时刻,也具有能够发现一线微光的慧眼;第二,敢于跟随这一线微光前进。

能够发现微光,是智慧;敢于跟随微光前进,则是勇气。只有战争才能真正完成这样的识别,才能激发出军人在和平时期无论多么周密的审查筛选也难以发现的潜质。

恩格斯说过,必然的东西通过无穷无尽的偶然事件向前发展。

我们是唯物主义者,唯物主义者讲历史的显微镜和放大镜,我们以为穷尽了一切,不过千万不要这样以为。真正的发展不是按部就班的,不是有条不紊、按照规划进行的,往往是什么样呢?无穷无尽的偶然事件推动历史的必然,你怎么处置好这些偶然事件,决定你未来的发展。

领导,第一,提供思想;第二,提供意志。有的领导提供思想,有的领导提供意志。最好的领导既提供思想,也提供意志。列宁、毛泽东都是这样的领导,既提供思想,又提供意志。最糟糕的领导既不提供思想,也不提供意志。这就是差别,不是你服务做得好不好的问题,而是你能给你的下属提供什么。

我们最后总结出:在战略思维过程中,始终要面对威胁评估,始终要筹划力量的运用,始终要思考优劣转换。作为谋取优势、争夺主导的精神活动,战略思维较量表现的矛盾对抗贯穿整个战略思维过程的始终。

领导者的信誉是危机期间尤为重要的资源,这种信誉不是来自任命,任命是理论上的权威,而是来自平时的积攒,你平时的积攒在危机中会形成尤为重要的资源。

法国一个善于处理危机的大师讲过,要控制就要能预见,最坏的就是观望，人类若不能预见正在发展的威胁并立即采取对抗行动，他们也会成为命运的玩偶。预见威胁立即行动，最坏的就是观望，最糟糕的行动比没有行动都要强，因为你在力图控制，而观望是最糟糕的，这就是我们说的积极的必要性所在。

危机处理中最重要的就是目标，最容易被忘记的也是目标。力量的有限性决定了目标的有限性，把握目标的有限性才能使自己张弛有度，进退自如。这个时候一定要注意目标的有限性，把目标控制在自己力所能及和努力能达到的一个阶段。

所以利益决策过程是危机处理中既无法回避又艰难复杂的过程，其中蕴含着一个简单的道理，即有所失才会有所得，总想一无所失，最终一无所得。

进取性是战略思维主体永恒的追求。通过最大限度发挥主观能动性，实现对原有经验传统的超越，才能产生真正有思维价值的东西。进取性绝不是抱残守缺，一定要往前走，一定要创新。

一个国家的发展，既要抓住机遇，更要迎接挑战，不光是捕捉机遇的能力问题，更取决于能不能迎接挑战。否则，国家的发展要被其他的力量所牵制。不善于挑战，永远无法迎接机遇，真正的机遇往往在挑战背后。战胜了挑战，有机遇，规避挑战，机遇随之而去，这是我们讲战略思维的持续性原因所在。

　　胆略不是来自一意孤行，不是来自敢于冒险，而是看到了更大的利益，一定要入局，败了也入局，这就是胆略。

图书在版编目（CIP）数据

胜者思维 / 金一南著 . — 北京：北京联合出版公司，2022.7（2024.12重印）

ISBN 978-7-5596-6171-5

Ⅰ.①胜… Ⅱ.①金… Ⅲ.①政治理论—文集 Ⅳ.①D0-53

中国版本图书馆CIP数据核字（2022）第071910号

胜者思维

作　者：金一南	出版监制：辛海峰　陈江
出 品 人：赵红仕	责任编辑：管 文
产品经理：张其鑫　魏 僬	特约编辑：丛龙艳
封面设计：人马艺术设计·储平	内文制作：任尚洁

北京联合出版公司出版
（北京市西城区德外大街83号楼9层　100088）
北京联合天畅文化传播公司发行
北京飞达印刷有限责任公司印刷　新华书店经销
字数 153千字　710毫米×1000毫米　1/16　15印张
2022年7月第1版　2024年12月第10次印刷
ISBN 978-7-5596-6171-5
定价：58.00元

版权所有，侵权必究
未经书面许可，不得以任何方式转载、复制、翻印本书部分或全部内容。
如发现图书质量问题，可联系调换。质量投诉电话：010-88843286/64258472-800